人手不足脱却のための組織改革

マネジメントシステムコンサルタント・
社会保険労務士
山本 昌幸 著

経営書院

まえがき

「人手不足」・・・。
この言葉をこの一年間で何回聴いたことでしょうか。
以前は、法人顧客訪問時の共通の話題と言えば、共通認識を持てる「景気動向」の話題でした。でも最近は何と言っても「人手不足」の話題です。

私はマネジメントシステムコンサルタントとマネジメントシステム審査員を生業としている社会保険労務士です。このような書き方をすると、「社会保険労務士は生業ではないのか？」と突っ込まれそうですが、当然社会保険労務士も生業です。ただ、私が仕事をしていくうえでのコア（芯）はマネジメントシステムなのです。
今までにマネジメントシステムフルコンサルティングを250社以上、マネジメントシステム審査を800回以上担当させて頂き、現在でも毎年50回ほどの審査業務を担当しています。その審査対象組織の規模としては、2名ほどの家族的企業から数万人規模のメガ企業まであり、このようなマネジメントシステムのコンサルティング・審査ではほぼ100%経営トップ（通常は社長）と相対するのですが、その時の共通の話題は組織規模に関係なく「人手不足」なのです。

しかし、たまに相手方の社長が「世間では人手不足みたいですね」と仰ることがあります。「オイオイあなたの会社は人手不足ではないのですか？」と突っ込みたくなるのですが、よく話を訊いてみるとたしかに「人手不足」に該当しないのです。

序章で紹介する
・就職希望者を常にストックしている不人気業種企業
・採用に苦労しない不人気業種企業
・500人超規模の企業でありながら営業担当不在の不人気業種企業
などが存在しており、他にも人材のストックまではいかなくても、深刻な人手不足に陥ることの無い企業が多々存在しています。

これらの企業は決して、給与が同業他社に比べて高い訳でもないのです。では、なぜ、人手不足に陥らないのでしょうか？

「問題には必ず原因がある」

これは、今までの全ての著作で説明しているのですが、当然、「人手不足にも原因がある」のです。
そもそも、「人手不足」と一口に言ってもその原因は「採用が出来ない」と「現従業員の退職」のことであり、採用数が現従業員の退職数を下回っていれば負のスパイラルに陥り、いずれ会社に残るのは管理職だけという笑えない現実が待ち構えています。

では、なぜ、従業員が退職してしまうのか？なぜ、新規採用ができないのか？
この本は、「従業員が退職してしまう原因」と「新規採用が出来ない原因」を徹底的に突き止め、対策を施し、仕組みとして運用するための「人材確保の仕組み」を提案した指南書です。

また、これは私の個人的な想いですが、

「"働くことに制約のある方"が如何なく能力を発揮できる職場」

まえがき

を実現していただける企業が一社でも増えて頂きたいのです。

"働くことに制約のある方"とは、働く女性はもちろん、子育て中の方、要介護者を抱えた方、持病や障がいを抱えた方、勉強しながら働いている方など、働くことに何らかの制限がある方のことです。

現在、様々な業界で女性の活用が提唱されていますが、女性に活躍して頂くためには、「"働くことに制約のある方"が如何なく能力を発揮できる職場」の実現が必要であり、多くの会社が「"働くことに制限のある方"が如何なく能力を発揮できる職場」を実現できたとき、「人手不足」とは無縁の組織になっているでしょう。その根拠は、"働くことに制約のある方"が能力を発揮できる職場であれば、それ以外の制約のない方にとっても働きやすい職場なのですから。

この本に書いてあることを実践することにより「人手不足」からの脱却はもちろん、顧客から支持される企業に変貌を遂げられることを期待しております。要するに従業員から支持される企業は、それ以上に顧客から支持されますので。

も　く　じ

● まえがき：

序章：不人気業種でも人手不足とは無縁の中小企業の存在 …………1
 1：就職希望者が常に○名の不人気業種企業 …………………1
 2：営業担当者が不在の数百名規模の不人気業種企業 ………1
 3：人材の採用に苦労しない不人気業種企業 …………………2
 4：他にもたくさんある人材採用に苦労していない中小企業 ………2
 5：「人材マネジメントシステムの仕組み」で人手不足を乗り切る
  ことは、企業の継続的発展・規模拡大に繋がる …………3
 6：「売りモノ磨き」「人材磨き」のための人材確保の仕組み ………4
 7：「人材確保の仕組み」の実現方法 …………………………5
 8：逆に今こそが人材採用のチャンス …………………………6

第1章：自社の人手不足の原因はナニか？
　　　　人材採用・人材雇用はマーケティングと同じ ……………9
 1：業界のせいにするな！ ………………………………………9
 2：なぜ採用できないのか？なぜ退職してしまうのか？ ………10
 3：人手不足対策はマーケティングに学ぶ ……………………15
 4：カネをかければ採用できるのか？ …………………………27
 5：来訪者を大切にしない会社は従業員も大切にしない ……29
 6：即効性ある取り組みは効果持続期間もごくわずか ………30
 7：新卒者が就職の際、気にする情報とは？ …………………31
 8：中途採用者が就職の際、気にする情報とは？ ……………34

9：あなたの会社では、仕方なく働いている従業員の割合はどれ
　　くらいですか？ ……………………………………………………35
10：「ヒトの採用」と「関連するモノ・コト」を明確にする ………38
11：採用の本気度が伝わっていない？ ……………………………43
12：人手不足の原因は、社長あなたです …………………………46
13：なぜ、大企業に人が集まるのか？（単にブランドだけではない）
　　 ………………………………………………………………………47
14：大企業の従業員は本当に優秀なのか？仕事は出来るのか？ ……48

第2章：「社会から必要とされる企業」と「存在しなくてもよい企業」の違い ………………………………………………………51
1：あなたの会社は顧客から、社会から必要とされていますか？ …51
2：あなたの会社の業務内容は代わりが利きますか？ ……………56
3：人手不足企業からの脱却を高らかに宣言する …………………62
4：ブラック企業にはブラック社員が集まる ………………………64
5：「働くことに制約のある人」が如何なく能力を発揮できる職場
　　環境の実現 …………………………………………………………67
6：ついてこられない従業員の退職は大歓迎！ ……………………69
7：人手不足の原因を取り除くには社長の不退転の決意が必要！ …78
8：プロジェクト成功のために ………………………………………85

第3章：人材確保のために、自社の「売りモノ」を徹底的に磨く …93
1：自社の「品質」はナニなのか？ …………………………………93
2：職人的な考えでは「人手不足」は解消できない ………………99
3：「外部が期待する品質」と「内部が期待する品質」 ……………102
4：五つの顧客要求を明確にする「一般要求」「当然要求」「法的
　　要求」「潜在要求」「顧客特有要求」 ……………………………102
5：顧客要求を実現するための製品・サービスを提供するために解決
　　すべき「内部の課題」と「外部の課題」 ………………………114

6：「好ましくないリスク」と「好ましい機会」……………………115
　　7：「好ましくないリスクの原因」と「好ましい機会の要因」……117
　　8：「リスクをつぶすための目標、計画」と「機会を実現するための
　　　　目標、計画」………………………………………………………118
　　9：「既存客」と「既存人材」の大切さは同じ……………………126

第4章：人材確保のために、自社の「人材」を徹底的に磨く ……129
　　1：またダマされる「バカな社長」…………………………………129
　　2：ダマされないためのPDCA ………………………………………133
　　3：管理者は「C：チェック：検証」だけすればよい？ ……………136
　　4：従業員に要求する人物像を明確にする …………………………139
　　5：「就業規則」を徹底活用できるのか？ …………………………141
　　6：「従業員満足」をどのように実現するのか？ …………………153
　　7：「見込み人材対策」と「自社のリスク対策」として時短が非常に
　　　　重要 …………………………………………………………………174
　　8：社長や経営層が持っている管理職への不満 ……………………175
　　9：時短で人材シェアリング？ ………………………………………179
　　10：侮れない「人事評価制度」の存在 ………………………………180
　　11：「最短人事制度」と「最強人事制度」……………………………182
　　12：「売りモノ磨き」と「人材磨き」のための「人材確保マネジ
　　　　メントシステム」…………………………………………………186

第5章：自社の「売りモノ」と「人材」が磨けたら積極的に社外にPR
しよう！ ……………………………………………………………189
　　1：自信を持って人材の紹介を求めよう ……………………………189
　　2：自社の話題つくりで知名度を上げよう …………………………191
　　3：人手不足対策が成就したとき、すごい組織になっています …192
　　4：「品」のある組織になろう。
　　　　そして「働くことに制約のある人」に優しい組織へ！………193

もくじ

● あとがき：……………………………………………………………195

書籍コーディネート
インプルーブ　小山睦男

序章

不人気業種でも人手不足とは無縁の中小企業の存在

1 就職希望者が常に〇名の不人気業種企業

　私の古くからの関与企業でドライバー不足とは無縁の車両台数100両規模のトラック運送業者さんがいらっしゃいます。当該運送業者さんはドライバー不足ではないことはもちろん、ドライバーとしての採用希望者が常に数人待ちの状態なのです。

　ご存知の通り、運送事業は人手不足が最も深刻な業種であり、最近では免許の取得要件も厳しくなった結果、若年ドライバーの養成も困難になり、かつ、デジタルタコグラフやドライブレコーダー等によるドライバーに対する車輌乗車時の監視体制も年々厳しくなり、出発して乗務を開始してしまえば誰からも監視されない気楽な商売とは言い難い状況から、ドライバー職から離れていく方も多いのが実情です。

　また、当該企業はとくに有名でもなく、地元でも評判の企業とは言えないのですが（失礼！）、ドライバー不足とは無縁のトラック運送業者さんです。この"ドライバー不足とは無縁"の状態は私の知る限り10年くらい前からこの状態なのです。

2 営業担当者が不在の数百名規模の不人気業種企業

　前述の企業とは別に従業員数500人以上の企業規模で営業担当者が一人も居ない物流・トラック運送事業者さんがあります。

　当該企業は従業員が潤沢とまではいきませんが、人手不足という状態ではありません。そこのところは特別ではありませんが、興味深い

のは営業担当者が一人も居ないにも拘らず、常に仕事の依頼があるのです。しかも、既存客からの案件はもちろんのこと、新規顧客の案件も頂けるのです。

要するに自ら営業活動を行わないにも拘らず、新規案件・新規顧客を獲得できているのです。私も当初お付き合いさせて頂いた頃には、非常に不思議に思いましたが、お付き合いの深さが深まり、お付き合いの時間が多くなるとその要因が判ってきました。

③ 人材の採用に苦労しない不人気業種企業

前述の二社とは別企業ですが、やはり人の採用に苦労していない運送事業者さんがあります。

当該運送業者さんは100両規模のトラック運送業者さんであり、求職者を常にストックしている状態ではないですが、欠員が発生した場合の募集の際、時間を経ずに数名の応募があり篩にかけたうえで適切な人材の採用が出来ているのです。

④ 他にもたくさんある人材採用に苦労していない中小企業

前述の3社以外にも人材採用に苦労していない中小企業……いや、零細企業の存在を幾つも知っています。このように零細企業でも人材採用に苦労していない企業とほぼ同じ規模、同一業種の企業で人材採用に大変苦労されている企業は山ほどあります。

自組織のことで恐縮ですが、当社についても、欠員募集の際の多数の応募者を網目の大きい？篩にかけるため、採用に苦労はしているのですが、応募者数に苦労したことはありません。

直近で人材を募集した2015年5月では、実際100名を超えるエントリーがあり、正直、「この人を採用したい！」とまで思った応募者はごくわずかでしたが、応募者が100名を超えたのが事実でした。

ただ、当社の場合、採用に苦労している「不人気業種」には該当し

ないのであまり参考にならないのかもしれませんが、その要因は参考になるのかもしれません。

5 「人材マネジメントシステムの仕組み」で人手不足を乗り切ることは、企業の継続的発展・規模拡大に繋がる

　私が仕事をしていくうえでのコア（芯）はマネジメントシステムであることは「まえがき」でお伝えした通りですが、あなたは「マネジメントシステム」と聴くとどのようなことを連想されますか。

　「マネジメントシステム」の定義については様々な定義がありますが、ここでは次のように定義しましょう。

> マネジメントシステム＝目的を達成するためにPDCAを廻し、目的達成後も更なる改善を目指してPDCAを廻していくこと

　んっ？「PDCA？」と思われる方もいらっしゃいますね。
　PDCAとは、
P：PLAN：計画
D：Do：実施・運用
C：Check：検証・確認
A：Act：改善・処置
のことであり、PDCAは「A」で終わりではなくPDCAを永遠に廻していく必要があります（プロジェクトの場合は除く）。

　わたしは、専門家として、マネジメントシステムコンサルティング、マネジメントシステム関連セミナー講師、マネジメントシステム審査員を20年近くに渡り実施しております。その経験の中で、国際標準化機構が策定したマネジメントシステム規格だけでは飽き足らず、自ら必要なマネジメントシステム規格を策定し、目的達成の手段として活用しています。最近では、ムダな労働時間・残業時間を根本から削減するための「時短マネジメントシステム」を策定しました。

今回の執筆テーマである「人材不足」には、「人材確保の仕組み」を提案したく思います。
　この「人材確保の仕組み」は、前述した私の関与先企業である「就職希望者をストックしているトラック運送業者さん」「営業担当者が一人も居ない数百名規模の物流・トラック運送事業者さん」「人材採用に苦労しないトラック運送業者さん」等の実態を参考に、他にも「どのようにしたら人材が集まるのか？退職しないのか？」をテーマにマネジメントシステムとして運用できないものかを模索した結果です。
　この「人材確保の仕組み」を構築・運用することにより、人材を確保し、企業の継続的発展・規模拡大を実現することが可能となるでしょう。

6 「売りモノ磨き」「人材磨き」のための人材確保の仕組み

　私はマネジメントシステムの専門家として間違っても、「良いものを作れば売れる」とか「良い会社であれば顧客の方から集まってくれる」などという青臭い主張をするつもりはありません。しかし、「良いものを作ること（良いサービスを提供すること）」と「良い会社であること」は当然のことでしょう。もちろん"良い"の定義は一概に決められませんが、一般的・客観的に「良い製品・良いサービス」「良い会社」であることは、組織を運営するうえで最低限の責任と言えるでしょう。
　では、「良い製品・良いサービス」「良い会社」を実現するにはどのようなことが必要なのでしょうか。それは、

　・売りモノ（サービス）を磨くこと
　・自社の人材を磨くこと

この二つに尽きます。
　この二つが既に実現できていれば良いのですが、なかなかそうはいかないと思います。仮に実現できていたとしても、その"実現"は、

「たまたま」なのかもしれませんし、それを維持していくことは大変なことです。ですから、「良い製品・良いサービス」「良い会社」の定義として、"売りモノ（サービス）を磨くこと"、"自社の人材を磨くこと"を仕組みとして構築して、常に努力している会社であることが重要なのです。

このしくみを構築して努力が出来ている会社であれば、方向性さえ間違わなければ、"売りモノ（サービス）を磨くこと"、"自社の人材を磨くこと"の実現は可能でしょう。そして、このことを「人材確保の仕組み」として構築・運営することで実現すればよいのです。

要するに、自社の売りモノ（サービス）と人材が磨かれていれば、人手不足を解消できる可能性が非常に高いということです。このことは、私が今までマネジメントシステム関連業務で関与してきた数百社の実態に私自身の考察を加味して出した結論なのです。

7 「人材確保の仕組み」の実現方法

人材を確保するためには、「人材確保の仕組み」を構築して、運用し、さらに改善していく必要があり、その構築・運用により企業の継続的発展・規模拡大の実現が可能であることは前述した通りですが、どのような手順で「人材確保の仕組み」を構築すればよいのでしょうか？

具体的な構築手法は、この本の中で説明していきますが、大まかな手順としては次のとおりです（少々、理屈っぽい説明になりますが、読み飛ばしてもよいので読み進めて下さい）。

①担当者（メンバー）を決める
②自社の「売りモノ（サービス）」「人材」の現状把握
③利害関係者を明確にする（利害関係者には人材自身も含まれる）
④利害関係者の「ニーズ（必要性）」と「ウォンツ（欲求）」を明確にする（人材の「働かなくてはならないニーズ」「働きたいウォ

ンツ」も明確にする）
⑤自社の「売りモノ（サービス）」と「人材」を磨くために解決すべき課題を明確にする
⑥"⑤"の課題を解決した場合の期待されることを明確にする
⑦"⑤"の課題解決、"⑥"の期待されることを実現するうえでの「好ましくないリスク」と「好ましいリスク」を明確にする。
⑧"⑦"の「好ましくないリスク」と「好ましいリスク」の原因を明確にする
⑨"⑧"で明確にした原因に対する行動を策定し実施する
⑩一連の行動を検証し、改善事項を決定し次の計画に活かす
⑪上記一連の活動から「社会から必要とされる会社」を実現する

この本を今まで軽い気持ちで読まれてきた方にとって、「んっ？何か難しくなってきたぞ」と感じた方は、意味を理解されないまま、先を読み進めていただいて全く問題ありません。

8 逆に今こそが人材採用のチャンス

私は「ブラック企業」という文言はあまり使用したくありません。なぜなら、悪質と思われる「ブラック社員」が相当数存在しており、「ブラック企業」だけがクローズアップされるべきではないからです。ただ、未だに悲しくなるほど無知な経営者（経営層全般を含む）が経営している組織が多々あります。そのような企業は「ブラック企業」若しくは「ブラック企業予備軍」と表現せざる得ないでしょう。
例を挙げますと

・暴言を吐く上司、経営者の存在
・「36協定」に記載されている、年間の延長できる時間数イコール時間外労働を申告しても良い時間数となっている会社
・「ノー残業デー」や「午後6時強制消灯」を実施して、仕事を自宅に持ち帰らせ、自宅での労働時間を残業時間にしていない会社

- 全ての行動が思いつきの経営者の存在
- 不当と思われる人事権の行使
- 残業代を支払っていない（不当と思われる「みなし労働時間」「定額残業代」の支給で残業見合いとしている組織を含む）
- 「就業規則」が昭和のまま（"昭和"は大げさかもしれませんが実在しており、10年以上「就業規則」を改訂していない組織は散見されます）

　などなど……。

　以前、ある大手企業から中小企業に出向されていた方が「中小企業の経営者は社員の指先や会社のクリップひとつまで自分の所有物だと思っている人が多い」と呟いていたことを思い出します。

　このような「ブラック企業」や「ブラック企業予備軍」は企業規模に関わらず（大企業でも中小企業でも）、巷にあふれており、従業員としては永久に勤務することはそう多くなくいずれ退職します。

　そのような「まともな感覚」を保有している、「ブラック企業」「ブラック企業予備軍」退職者を迎え入れることが出来る企業になっていることが重要なのです。

　今後、監督官庁や社会から労働関係に対する監視が厳しくなり、かつ、社会情勢も様々な労働関係の施策が目白押しで、そのような監視や施策に耐えられない企業から従業員は退職し、企業自体が淘汰されていくことが予想されます。

　以上の現状を鑑みると、「売りモノ（サービス）」と「人材」が磨かれた企業であれば、「ブラック企業」「ブラック企業予備軍」退職者を雇用できるチャンスであり、新卒者の雇用機会も増えることが予想されるため、今こそが人材採用のチャンスだと言えるのです。

第1章

自社の人手不足の原因はナニか？
人材採用・人材雇用はマーケティングと同じ

1 業界のせいにするな！

　今まで様々な経営者と話す機会がありましたが、中小企業経営者の殆どの方が口にするセリフとして

「当社は特殊だから」

です。この"当社"が「この業界」や「うちの業種」に代わることはありますが意味は同じでしょう。

　はっきり言いますが、"特殊"と思っているのはご本人や自社だけであり、実はまったく特殊でないことが殆どです。この"特殊"という文言を使用することにより

　・人材が採用できなくても仕方ない

　・売上が上がらなくても仕方ない

　・社会から評価されなくても仕方ない

などの「出来ない」言い訳にしたいのでしょうか。

　誰もが「自分のやっていることは特別」と思いたい気持ちは解りますが、実は他に比べて大差ないことが殆どなのです。

　そして、人材が採用できないことを業界のせいにする方も非常にたくさんいらっしゃいます。もちろん、相対的にみて運送業のドライバー募集よりも、商社の一般事務の募集に応募が集まるのは当たり前のことです。私が伝えたいのは、運送業であっても人材の採用が容易な運送業者もあれば、殆ど採用できない運送業者の二種類があるということです。

"まえがき"にも書きましたが、「問題には必ず原因がある」のです。ですから、「従業員が退職してしまう原因」と「新規採用が出来ない原因」が必ずあります。このような着眼点に立つと、人材採用の難しい業種であるほど、これらの原因を完全に取り去ることは無理でも緩和することにより、同業他社に先んじて人手不足を解消できる可能性が非常に高くなることを理解していただきたいのです。

2 なぜ採用できないのか？ なぜ退職してしまうのか？

　「人手不足」と一口に言っても、要素が二つあることを理解してください。それは、

　・人材が採用できない

　・人材が退職してしまう

　少々話が逸れますが、一般的には売上増加のために新規顧客獲得に奔走する企業が多いですが、実は既存顧客に対してアプローチする方がはるかに有益であると言われています。そのことは担当者自身も認識はされているのですが、新規契約を狙った方が「仕事をしている感」が高いとの錯覚もあり、また、「既存顧客は逃げないもの」との安ど感も手伝い新規顧客獲得のために奔走しているのが現実のようです。

　この本をお読みのあなたも、長年付き合ったパートナーや配偶者を「側にいて当然」と大切に扱っていないのでは？

　従業員についても同じなのです。

　なぜ、退職してしまうのか？

　人手不足を嘆く前に、既存従業員の退職を防ぐことを考えなくてはなりません。中には、退職してもらった方が良いと感じる従業員の存在も否定しませんが、縁あって入社され、何らかの戦力になっているのですからなるべく長く勤めてもらいたいものです。また、顧客と接する従業員の退職は顧客からの信用をダイレクトに失う可能性があります。顧客から視て

第1章　自社の人手不足の原因はナニか？人材採用・人材雇用はマーケティングと同じ

・なぜ、前任者は退職したのか？
・前任者の方が良かった
・当社の状況をまた一から説明しなくてはならない

というような準クレームや疑問が湧いてくるのは当然のことでしょう。

　当社（当所）の事例で恐縮ですが、現在の当社の従業員の勤務年数は長いのですが、仮に一人が退職となると、業務の引き継ぎに最低でも半年ほど必要と感じています。止むにやまれぬ事情で引継ぎが3カ月以内ということもありましたが、希望は半年です（半年でも万全ではありませんが）。引継ぎ期間が半年ということは、半年間の人件費が2倍必要ということになりますね。これは非常にムダです。

　通常の会社であれば、引継ぎ期間半年は不要だと思いますが、引継ぎ期間が必要であることに違いはありません。

　あなたの会社の既存従業員の退職者数はどれくらいでしょうか？

　既存従業員の退職は無駄な経費が発生し、顧客からの信用を失う可能性がある非常に重大なリスクであることを認識してください。

　では、なぜ既存従業員は退職してしまうのでしょうか？

　そもそも、「ヒトは変わりたくない。面倒くさいのでこのままが良い」が基本的な習性です。ですから、通常、多少の不満があるくらいでは、現勤務先の退職という選択はしないのです。

　では、退職の原因はナニなのか？

　「人手不足対策」はマーケティングに学ぶべきことについては次項で説明しますが、ここでは、現勤務先を退職する「ニーズ」と「ウォンツ」で考えてみましょう。

〇**原因：退職するニーズ（必要性）**
　・長時間労働が続き健康を害した
　・休日数が少なく他の要件（プライベート）が処理できない
　・給料が低いので生活できない

〇**原因：退職するウォンツ（欲求）**

・他に興味ある仕事をしたい
・20年後を考えて手に職を付けたい
・高級車を購入するために高給与の会社に転職したい

　退職原因を「ニーズ」と「ウォンツ」で分けて考えてみると取り除くことが出来、緩和できそうな原因が視えてきませんか。

　現実的な話として、既存従業員の退職原因が「ウォンツ」に起因する場合の対策は難しいでしょう。ただ、「ニーズ」に起因する場合の対策は実現できる可能性も高く一考の余地があります。

　このように、既存従業員の退職原因に対しては、対策を打てる可能性が高いので、退職を申し出てきた従業員に対して過度な引きとめは必要ありませんが、退職の理由を必ずヒアリングしてください。ヒアリングしたところでなかなか本音は引き出せないと思うかもしれませんが、次のことを伝えると本音を伝えてくれる可能性が大きいです。

・今まで勤めてくれたことに対するお礼（労いの言葉）
・今の社内状況を改善したいこと
・新しい勤務先に移っても応援すること

　この既存従業員の退職理由は会社を良くするためのネタの宝庫だと思ってください。確かに、退職理由を実際耳にすると、腹が立つこともありますが、少なくともその従業員はそのように感じたことが事実ですから、それが誤解であっても真摯に受け止めることです（自分はお洒落したつもりの服装でも他人から見れば滑稽な服装の場合も同じですね）。逆に"誤解"であれば、対策は非常に簡単なので誤解されないようにすればよいだけです。これで次の退職者を防ぐことが出来るかもしれません。

　既存従業員の退職は経費もかかるし顧客からの信用失墜の可能性がありますが、退職原因が判ることは唯一の良いことだと思います。

　一般的に顧客クレームは「改善の宝の山」と称す場合がありますが、顧客クレームは所詮、組織の外から判断したことですから、組織

第1章　自社の人手不足の原因はナニか？人材採用・人材雇用はマーケティングと同じ

内部を知る既存従業員からの退職原因は顧客クレーム以上の価値があります。

退職についてもう一考。

残念なことに従業員や部下のやる気をなくすことが天才的に上手な上司が居ます。この手の上司は、無能であるか性格に欠陥がある方だと思いますが、組織運営にとっては非常に厄介です。無能な場合とは、部下に自分の地位を脅かされることを極端に恐れている上司が該当します。

性格については後天的にそのような性格になってしまうことが多いようです。その場合、負の性格の連鎖と言えます。ただ、この手の上司の場合、非常に上層部に対するゴマすりには長けていますので性質が悪いのです。実際、私の会社員時代にスゴイ課長が居ました（皮肉を込めて）。その課長が赴任する際、その課長の過去を知る社内の方々が、「良かったねぇ、すごく良い人だよ」と口をそろえて言うのです。

そして、いざその課長が着任。なんか、良い人に思えないのです。二カ月が過ぎ、三カ月が過ぎ、その課長の過去を知る社内の方々は、「○○さん（課長の名前）、人が変わっちゃいましたね。よっぽど前任地で嫌な思いをしたのかぁ」と。

会社のせいで人格が変わってしまったのであれば労災請求をしたい？ところですが、家族にとっては良い夫、良い父親みたいでした。

部下のやる気をなくすのが得意なのが上司であればまだマシですが、社長の場合は非常に問題でしょう。実際にそのような社長を何人も見てきました。

また、小規模企業の場合（この場合、30名以下くらいの会社を想定しています）、従業員の退職原因の一つは（若しくは多くは）、社長の人格や振る舞いに有ることを感じています。これは、組織風土や結果的にこのような組織とした責任ということではなく、単に、社長の人

格、言動、振る舞い、性格であることを付け加えておきます。
　このように従業員の退職原因を造っておきながら自分では自覚せずにそのしわ寄せを部下に押し付ける上司や、従業員に押し付ける社長の存在こそが「人手不足」の原因なのかもしれません。

　次に、なぜ採用できないのか？について考えてみましょう。
　採用できないことについても「原因」があります。
　最近の若者は給与の高さよりも
　・休日数はどれくらいか？
　・残業時間はどれくらいか？
などを気にする傾向にあり、実際に新卒者が企業に公開してほしい情報として
　・3年以内の離職率
　・平均勤続年数
　・有給休暇取得率
　・産休や育休制度の利用率
などが挙がっています。これらの実態を踏まえ、企業も対応していかなくてはなりません。ただ、ここで注意すべきは、法令で義務付けられていることは対応済みでなくてはなりません。例えば
　・法定休日を付与していない
　・残業手当を支払っていない（若しくは支払方法に問題がある）
　・有給休暇を付与していない（若しくは存在すら知らせていない）
　・育休、産休制度が無い
これらのことは既に対応済みでなくてはならないのですが、正直、対応できていない中小企業も多々あるでしょう。そのような中小企業がいきなり来月をもってすべて法令通りに対応することは難しい面がありますので、徐々にでも対応していくことが出来れば良いと思います。誤解して頂きたくないのは、決して法令違反を容認しているのではあ

りません。即刻の対応が困難であることを理解してほしいのです。

　以上は企業の制度上の問題点や法令対応の不備による、採用が困難な原因ですが、業種や職種により採用が困難であることも事実です。この場合も「うちの業種は特殊だから」と諦めずに、採用の糸口を探って行かなくてはなりません。実際、人手不足の最たる業種であるトラック事業のドライバーであっても、序章で説明した「就職希望者をストックしている企業」や「採用に苦労していない企業」が存在しているのです。要は、相対的な採用困難業種・職種は存在するが、その業種・職種であっても「人材採用が出来る企業」と「人材採用が出来ない企業」の二種類が存在するのです。

　よく、資格取得して起業することを解説した書籍や雑誌でも話題になりますが、「喰っていける資格」と「喰っていけない資格」があるのではなく、同じ資格でも「喰っていけるヒト」と「喰っていけないヒト」が居るということと同じなのです。

3　人手不足対策はマーケティングに学ぶ

　ここでは、"マーケティング"の意味として
・マーケットの潜在顧客を見込み客、既存客、リピート客、ファン客に変えていく一連のプロセスとしましょう。

　実はこの"マーケティング"は、人材採用、人材の定着化、人材の徹底活用、従業員の会社へのモチベーションアップと同様に位置づけられます。このことは非常に重要なので、下に再掲します。

人材採用
⇩
人材の定着化
⇩
人材の徹底活用

⇩
従業員の会社へのモチベーションアップ

○マーケティングの着眼点の人材採用

　マーケティングに於ける着眼点としてよく「ニーズ（必要性）」と「ウォンツ（欲求）」を活用します。

　これは、就労するにあたり、働こうとする人（求職者）と働いている人（従業員）の「ニーズ」と「ウォンツ」に着目する考え方です。

　その人の性格にもよりますが、一般的には「働くニーズ」が強い方が働くためのモチベーションが高いと言えます。逆に「働くウォンツ」により働くヒトは、その欲求（ウォンツ）を捨てれば働かなくても良い場合があります。現在、自発的に定職に就こうとしない方が多いのはこの「働くニーズ」が無いことが原因と思われます。要するに、働かなくても衣・職・住に困らないため働く必要が無いのです。巷では格差是正が声高に叫ばれていますが、この働かなくても衣・職・住に困らない状況の方が居ること自体「格差」であり、特に「生まれながらの格差」ですから、この「格差」を何とかしてもらいたいものです。

表-1

求職者・従業員	ニーズ	・生活のために働く ・子供の学費のために働く ・ローンや借金の支払いのため働く ・健康保険証が必要なので働く	強い ▲
	ウォンツ	・良い生活をするために働く（購入したいものがある） ・好意を寄せている異性と同じ職場で働きたい ・健康を維持したいために働く	強い ▲

　また、「ニーズ」と「ウォンツ」は、「マズローの欲求5段階説」との関連性も考慮する必要があります。

　「マズローの欲求5段階説」とは、アメリカの心理学者であるアブ

ラハム・マズローが人間の基礎的な欲求を低次から階層で理論化したものです。表現はいろいろありますが、概略は次のとおりです。

図-1　マズローの欲求5段階説

```
    自己実現の欲求
    尊敬の欲求
    社会的欲求
    安全の欲求
    生理的欲求
```

・生理的欲求：生きていくうえで必要な食事、睡眠、排せつ等の生理的な欲求
・安全の欲求：安全に暮らしたい、経済的に苦慮したくないなどの安定した生活を実現するための欲求
・社会的欲求：どこかに所属し、社会的に必要とされ認められたい欲求
・尊敬の欲求：他社から尊敬され、地位・名声を得たい欲求
・自己実現の欲求：下位4つの欲求を満たしたとしても、自分らしさを実現するための欲求（高度な欲求）

　一見、この「マズローの欲求5段階説」と求職者・従業員がどのような関わりがあるのか理解できないかもしれませんが、該当求職者がどの段階で求職しているのか？従業員はどの段階で就労しているのかが関わってくるのです。従業員で考えた場合、社会的欲求を求めている従業員に対して一人でこつこつ処理させる作業や一人しかいない部署に配置することは当該従業員の欲求を満たせない可能性があります。また、生活のために働いている従業員は「生理的欲求」か「安全の欲求」の段階なので、多少キツイ労働環境でも耐えられる可能性があります。さらに「尊敬の欲求」の段階の従業員はそれなりの役職を与えると活躍してくれる可能性があるかもしれません。

〇人材採用：

　どのように人材を採用するのか……自社に入社してくれる可能性のある人材をどうやって探すのか。

　最初の段階では、自社から人材を探すのではなく、求職者が自社をどうやって見つけるのか。そして、自社を就職対象候補企業にしてもらうのか。これを軸に考える必要があります。

　求職者に自社の存在（求人募集していること）を知ってもらうきっかけとして、
　・ハローワークでの求人票
　・求人誌、新聞、チラシ、インターネットの求人広告
　・自社ウェブサイトでの告知
などが考えられます。

　求職者が求人している企業を認識した場合でも、その会社が「ブラック企業」としての噂があれば興味本位で待遇等を確認することはあっても、まともな感覚を持ち合わせた求職者であれば応募はしないでしょう。また、「ブラック企業」の噂までは聴いたことが無くても、勤務している（勤務していた）知り合いから、その会社の愚痴を聞かされていれば当然、応募対象企業にはしないでしょう。他にもその会社のウェブサイトを覗いたらなんか胡散臭く感じた場合も然りです。

　この"胡散臭い"というのは、ロジカルに説明できないのですが、殆ど当たりますね。特にヒトも40歳を過ぎてくると今までの生き方や行いが外観上表面化し、オーラとなって表れてきますので、そのような経営者や社員は自社のウェブサイトに顔出しは厳禁とすべきでしょう。また、一見まともそうなウェブサイトであっても同業者から視ると決して褒められない内容が読み取れたりします。ですから、逆に求職者は仮に或るトラック業者に応募する場合、トラック業界で働く知り合いにその応募候補のトラック業者のウェブサイトを視てもらい、

胡散臭さや褒められない内容を読み取ってもらうことが出来るのです。
　また、トラック業者のように人目に触れる業種の場合、日頃の行いに相当の注意を払うべきです。例えば、速度超過等の無謀運転が常態化している場合や、たばこのポイ捨てをしている場合、そのトラック業者に良いイメージは絶対に持たないですね。このように看板を背負って事業運営している業種は日ごろの行いが企業イメージとなるのです。
　これは、マーケティングにおける販売活動も同様であり、スゴク熱心で信頼できそうな営業マンであっても、以前、その会社の社有車に一般道で煽られて、抜き際に睨まれた経験があればその会社の商品は購入しないでしょう。
　このことを求人募集する企業側もよく認識しておくべきです。

　逆の場合はどうでしょうか。求職者が求人している企業を認識し、その企業が「ブラック企業」ではなくイメージが良い場合などです。
　良いイメージであっても、ヒトは日頃、いちいち自分と関係のない企業のことなどは覚えていません。ただ、自分が仕事を探しており、人材募集している会社として企業名を目にしたとき、その企業に対して良いイメージがあれば思い出すのです。例えば
　・社会貢献をしている企業
　・従業員を大切にしている印象の企業
　・女性が活躍している印象の企業
　・以前、その企業の商品（サービス）を購入して満足したこと
　・以前の勤務先で取引があり印象が良かったこと
などなど。
　ただ、気を付けたいのは、幾ら社員教育が素晴らしく、経営者が立派と思える方であっても、あまりにも社内で締め付けが厳しい印象を持たれてしまうと、「自分にはとても無理だなぁ」とか「自分はやり

たくない」と思われてしまう可能性があるので配慮が必要です。

また、いくら印象だけではなく、実際に社会貢献などの良いことに沢山取り組んでおり、真の顧客満足が高い企業であっても中小企業の場合、知られていない可能性が非常に高いのです。このことについては、「第5章」で少し触れます。

○人材の定着化

「人手不足」の原因の一つである「従業員の退職」を防ぐためには、採用した従業員を定着させなくてはなりません。

「従業員を定着させるためにはどのようにするのか？」よりも、「なぜ当社の従業員は定着しないのか？」に着目すべきです。なぜなら、全ての問題には原因があるからです。

従業員が定着しない原因とは……。この原因については、殆どの企業で大凡の見当がついており、それが正しいのです。えっ、「なぜ、会社の内情も知らないのにそんなことが判るのか」ですって？

それはそのような会社を多数視てきたからです。

私はマネジメントシステムの審査員として、今までに800回以上も様々な業種、規模の組織の審査を担当しました。この業務は、当たり障りのない上辺だけの確認業務ではなく、問題点を洗い出す業務でもあるので、かなり深い内容の確認や、深い議論を交わします。その経験からの結論なのです。と、説明すると少々かっこ良いのかもしれませんが、実はあなたを含めて、組織の問題の原因については、誰しもが「多分、アレだなぁ」と感じているのではないでしょうか？しかも、それは事実でありませんか。

人材が定着しないという問題の原因については、その会社の従業員であれば誰しも当たりを付けおり、それがまさしく「ビンゴ！」なのですが、その原因を取り除くことが出来ない。なぜ、取り除くことが出来ないのか。

第1章　自社の人手不足の原因はナニか？人材採用・人材雇用はマーケティングと同じ

　それは、社長が社長業務の手抜きをしているからです。
　中小企業の社長は社長業務だけではなく、様々な業務を兼務しています。中小企業の場合、決して、"社長業務"だけ実施していればよいということではありません。そのためどうしても"社長業務"が手薄になるのです。中小企業であっても従業員数がある程度の人数を超えたら、安易に人事権に口を挟むことは控えるべきですが、人事が停滞している原因（人材が定着しない）については、毅然と迅速に対応すべきです。では、私が視てきた人材が定着しない例をいくつか挙げてみます（本来、ここで例を出すつもりはなかったのですが……）。

・セクハラ、パワハラが横行している
・幹部社員や役員の〇〇の着服
・ヘンに権力を持っているとんでもない人材の存在
・飲み会への参加強要
・組織内の法令違反・不正
・膨大な反省文の強要
・耳触りの良い活動を即、取り入れ、すぐにとん挫する
・支払われるはずの賃金が支払われない
・長時間労働
・休日が少ない
・しがみつき社員・役員の存在
・昭和体質の企業（具体的内容は差し控えます：笑）

　説明を加えないと理解し難い内容も混ざっていますが、敢えて、詳細な内容は差し控えます（だいたい予測が付きますよね！）。
　このような状況を放置しておくことの重要性を社長はよくよく認識することです。このような状況を放置することにより、人材が定着せず流出します。しかも、流出していくのはまともな従業員です。逆にこのような状況でも当該組織に留まる従業員とは

・悪い方向に染まっていく従業員

・組織に期待しない諦め従業員
　・問題意識を持たない役に立たない従業員
　・非常に我慢強い従業員、社長の身内

要するに、良い人材は流出し、残った従業員は〇〇ばかりかもしれません。

こんな会社に誰が入社したいですか！

　このような「負のスパイラル」に陥る前に社長は"社長業務"を実施して、対策を施す必要があるのです。「負のスパイラル」に陥った会社が人手不足を嘆いたところでどうしようもありません。

〇人材の徹底活用

　人材を採用し、定着化した次は「人材の徹底活用」です。
　"徹底活用"と聴くと人材を酷使して使い倒すようなイメージを持つ方がいらっしゃいますが、決してそのようなことではありません。
　あくまで、人材の「能力」の徹底活用であり、人材の「時間」の徹底活用ではありません。「名ばかり管理職」や「みなし労働時間制」を悪用し長時間働かせることとは違います。
　「人材の徹底活用」とは、従業員が持ち合わせている能力を如何なく発揮させ、更に能力を伸ばしていくことが出来る環境を構築することです。
　この「人材の徹底活用」については、前述の「ニーズ（必要性）」「ウォンツ」「マズローの欲求5段階説」が参考になりますので、是非、着眼点として活用してください。
　さて、「人材の徹底活用」についてです。人材を徹底活用するためには次のことを把握・実施する必要があります。

　・該当人材の現状の能力把握
　　　人材がどのような能力をどれくらい持っているのかを把握する必要があります。現状把握ですね。これは決して自己評価ではな

く、上司が評価する必要があります。これを評価できない場合は上司の能力に問題ありでしょう。

・該当人材に能力を発揮させるための施策

　いくら能力が高くても宝の持ち腐れではもったいないです。
　持っている能力を如何なく発揮させる環境の提供が必要です。
　そのためには前述の"現状の能力把握"が不可欠であり、人材の定着化を妨げるバカバカしい原因も取り除いておかなくてはなりません。
　もちろん、組織内の諸事情により適任者を適任部署に配置することが困難な場合も想定されますが、その場合もいずれは適任部署への配置を検討していることを本人に伝える必要があります。

・該当人材に会社が要求すべき能力のハードル

　このことは、私の今までの著作でも説明していますが、非常に重要なので、この本でも説明します。
　中小企業の社長と話しているとよく話題になるのが従業員のことです。中小企業の社長にとっての悩みは、ヒトのことが50％、お金のことが50％と言っても過言ではないと思います。ですからその50％のヒトのことが話題になるのですが、その内容とは、
　「ウチの社員は全く勉強しない。能力向上に励まない」
というものです。そこで、私が社長に対する発言として
　「では社長、○○を勉強しなさい！とか、ここまでの能力を身に付けなさいとハードルや基準を示したことはありますか？」
と訊くと、半数の社長は理解していただけるのですが、残りの半数の社長は
　「そんなもん、ワシが指示しなくても自分から前向きにやればいいんだ」
と言われます。もう呆れますね。その手の社長に限って、自分自身は大して勉強もしない方が多いように思えるのです。

自分から積極的に能力を磨く人材は、中小企業はもちろん大企業であってもかなり少数派です。そのような人材で40歳未満であれば、現在の仕事に多くのやりがいを感じている人以外は、独立して起業しているでしょう。
　話を戻しましょう。会社は人材ごとや役職ごとに要求する力量のハードルを具体的に設定しなくてはならないのです。このハードルがなかなか無いのが現状です。ここでよく話題に出るのが「職能資格等級表」です。これは、人材の能力を等級ごとに分けたものですが、その内容が抽象的な場合が多く、"要求する力量のハードル"として活用できないものが多いのです。既存の「職能資格等級表」は活用していただいて構わないのですが、もう少し具体的に"要求する力量のハードル"を設定して頂きたい。

- **該当人材の現状の能力と会社が要求する能力のハードルとの差を埋める教育訓練の計画、実施、検証**

　"要求する力量のハードル"を設定したら、把握した人材の現状保有している能力との「差」を埋めることを考えなくてはなりません。これが「教育のニーズ」です。
　「問題には必ず原因がある」と説いていますが、同様に「全てのコトには根拠がある」のです。教育訓練計画にも根拠が必要です。この"根拠"こそが「教育のニーズ」なのです。
　ですから、「教育のニーズ」が明確になっていないにも拘らず、「教育訓練計画」を立案すること自体が問題なのです。
　「教育のニーズ」に基づき「教育訓練計画」を策定したら、実施して検証をする必要があります。この"検証"については誤解があるのですが、何を検証するのか？です。一回ごとの教育訓練の検証を実施することは間違いではありませんが、Bestとは言い難く、Not Bad 若しくは Good でしょう。この場合の「検証」とは、「教育のニーズ」を埋めることが出来たのか？を検証する

第1章　自社の人手不足の原因はナニか？人材採用・人材雇用はマーケティングと同じ

のです。

　もう少し判り易く説明しますと、立案・実施した教育訓練により、会社が要求する能力のハードルに到達したのか否かを検証するのです。

　具体的には、業界未経験の中途入社従業員に対して、或る建設会社は、「積算ソフトを使用し公共建築工事の積算を出来るようにする」という「能力のハードル」を設定し、それを超えるための幾つかの教育訓練計画を立案・実施した場合、果たして、その「能力のハードル」に到達できたのか否かを検証するということなのです。

　以上のことが実現できれば、従業員が持ち合わせている能力を如何なく発揮させ、更に能力を伸ばしていくことが出来る環境を構築することができます。

　少々気障な表現ですが、従業員を雇うということは一定の期間費用を支払い（賃金を払い）、レンタルさせて頂いているのです。そのレンタル期間はどのように使っても良いのではなく、モノでなくヒトである従業員の気持ちを考慮したうえで、次に使う人が気持ちよく使えるように大切にしなくてはなりません。仮に定年まで勤め上げたとしても、会社で過ごした膨大な時間をインプットに定年後の人生を過ごされ、他の人や組織と関わりを持っていくのですから。

　社長がこのような考え方を持つと、社内に自然と柔らかなやる気のある空気が充満してきます（嘘ではないです）。

　間違っても、レンタルさせて頂いている従業員の時間を徹底的に使い倒し（残業手当を支払う、支払わないに拘らず）、心身ともに消耗させ、傷病に罹患させるような企業では「人手不足」からの脱却はとても無理でしょう（ただ、ブラック社員はレンタルしたくないので返品したいですが）。

○従業員の会社へのモチベーションアップ

　人材採用というスタートラインで会社の悪い印象ではなく、良い印象が伝わり、その結果、採用でき、人材が定着し、人材が持ち合わせている能力を如何なく発揮できる組織風土が実現できるのであれば、従業員の会社へのモチベーションは決して悪くないはずです。

　要するに従業員にとってこの会社で働くことに不満が無い状態を実現できるのです。この"不満が無い状態"こそを「従業員満足」と位置づけ、まずは目指す処なのです。

　「従業員満足」とは「Employee Satisfaction」であり、品質マネジメントシステムでは「顧客満足」(Customer Satisfaction) がよく引用されますが、実はこの"満足：Satisfaction"が曲者なのです。

　通常、日本では「顧客満足」というと素晴らしい満足の状態を想像しますね（エクセレント！）。ただ、欧米では「不満がない状態」を指します。ですから、「従業員満足」についても「この会社に勤務するにあたり不満が無い状態」を目指してみましょう。

　"不満が無い状態"ということは、とても満足しているとは言い難いのでモチベーションが上がるとは言い切れないのでは？と突っ込まれそうですが、よく考えてみてください。そもそも労働を提供するにあたり、その提供先の会社に対して"エクセレント"なんて思いますか？"不満が無い状態"であれば、これこそ素晴らしいのではないでしょうか！

　実際、私も起業して25年過ぎ仕事は嫌いではなく、朝職場に向かうことも一度も嫌だと思ったことはありませんが、スゴク満足しているかと言うとそんなことはありません。正に不満が無い状態であり、それがとても幸せです。

　ですから、従業員が会社に対して"不満が無い状態"であれば、それは非常に良い状態であるということです。そして、従業員がその状

態にあるということは、「マズローの欲求５段階説」における、「社会的欲求」「尊敬の欲求」のレベルにありますから、従業員のレベル向上にも期待できるのです。また、このレベルの場合、「ニーズ」だけで仕方なく働くのではなく、会社内での「ウォンツ」が高まる傾向ですから（所属する部の役に立ちたい、出世したいなど）、会社のために尽くしてくれる状態であると考えます。

4 カネをかければ採用できるのか？

ハイ、カネをかければ採用できます。
"カネをかければ"とは、

・求人広告にカネをかける

　下手な求人広告でも様々な媒体を使用したり、求人折込の枚数を増やしたり、新聞・雑誌広告の枠を大きくしたり、要するにカネをかければそれだけ求職者の目に触れる確率は増えるので、採用の確率も増えるでしょう。

・人材紹介会社にカネをかける

　年収の20-30％を支払えば人材紹介会社から紹介を受け採用できる可能性が高いでしょう。

・求人の際の給与を高く設定する

　通常、月給20万円の募集を月給30万円で募集すれば、採用できる可能性は格段に増します。

以上のように、"カネをかければ"採用は出来るのです。ただし、

定着しません！

そして、採用した人材の質もいかがなものかと。

前項で説明した通り、「人材の定着化」が実現できていない会社が幾ら人材を採用したところで退職することは目に見えており、正にムダ金を投入する結果となります。

求人誌を視ていると求人広告を連載している（と思われる）組織が

散見されますが、非常にムダですね。まるで穴が開いている桶にせっせと水を入れているようなもので、入れる水より漏れる水の量が多ければ「人手不足」となるのです。あまりにも当然で当たり前のことなのでいちいち書くのも躊躇われますが、

　　入社する人材より、退職する人材が多ければ人手不足となる

ということをよく認識して頂きたいのです。

　「問題には必ず原因がある」のですから、人材が定着しないのであれば何か原因があります。その原因を取り除かずに採用することは、ムダ以外に何物でもありません。

　本来、人材の入れ替え費用（引継ぎ期間の重複時の給与）は、変動費なのですが、なぜか固定費として計上してある組織があることはおかしな話です。

　カネをかけて採用した場合、もう一つの弊害は、まともな人材は退職していくのですが、まともとは言い切れない人材が組織内に滞留してしまうことです（退職せずに残る）。こうなると組織風土が良くなるどころか、負のスパイラルに陥り組織風土がどんどん腐ってくるのです。

　企業の"胡散臭さ"について、前項で説明しましたが、私自身この"胡散臭さ"以外にも、企業の初回訪問時に感じる"気"みたいなものがあります。私は霊感については全く持ち合わせていないのですが、様々な企業にお邪魔していますと"気"を感じます。そして、その感じた"気"はだいたい当たるのです。ですから私だけではなく皆さんも同じ"気"を感じられていると思います。

　この"気"は、どんなに古い建物であっても良い"気"の場合もありますが、新築ビルのオフィスでピカピカの机、書棚が配置してあっても、どよーんとした"気"を感じる場合があります。後者の場合、大抵、人材の定着が思わしくない組織です。また、余談ですが、妙に元気の良い会社。例えば、大きな声でのやり取りがオフィス内で飛び

交っていたり、来客があると全員起立して挨拶したりするような、見せかけの活気があるオフィスも、良くない"気"を感じ、人材の定着についても非常に良くないようです。

組織風土は、外部に漏れますので早めの治療が必要なことを付け加えておきます。

5 来訪者を大切にしない会社は従業員も大切にしない

世間には本当に従業員を大切にしない経営者が存在します。

従業員を大切にしなさいと言うことを説いているのではありません。普通でよいのです。逆に上辺だけ従業員を大切にしているように見せかけて、腹の中ではバカにしていたり、ぞんざいに思っていることは必ず相手（従業員）に伝わっています。

実際にこのような企業に幾つも遭遇してきました。例えば……あまりにも生々しいので具体的には差し控えます。

従業員を大切にしないことも問題ですが、来訪者を大切にしない会社は論外でしょう。この場合の"来訪者"とは、「招かれざる客」のことを指しているのではありません。

ただ、ここで"大切にしない"という表現は誤解を招くので、説明しますが、気配りが出来ないという意味です。例えば、

① 来訪者がヘルメットが必要なとき、だれが被ったかわからないトンデモナク汚く悪臭漂うヘルメットを貸してくれる
② 来訪者が泥だらけの現場に行く際、長靴、安全靴の提供が無い
③ 来訪者が危険な作業現場に行く際、安全のための服装貸与が無い
④ 昼食のカツどんが岡持ちに入ったまま会議テーブルに直に置かれている
⑤ 朝9時から夕方5時まで200ミリ缶のお茶1本の提供のみ

①〜⑤を読まれて、特に問題が無いと思われる方もいらっしゃるかもしれませんが、"①②③"については、事前に作業現場に行く際の

装備についての準備のお願いをしているにも拘らずです。

④については、地面に直接置く出前用の岡持ちが会議テーブルに直置きしてあることが問題なのです。なぜなら、当該企業は食品製造業であり、専門の方ならお分かりだと思いますが、交差汚染に神経をとがらすべき業種だからです。

⑤については、来訪者は一日中喋り続ける業務なので非常に喉が渇きます。しかし、昼食を含めて200ミリ缶のお茶一本では……ということです。しかも、真夏に。

このような会社の共通点は、様々な問題を抱えており、従業員をモノのように扱う姿勢が経営者に有るようです。もちろん、このような会社は人手不足で当然といえます。

6 即効性のある取り組みは効果持続期間もごくわずか

「問題には必ず原因がある」のであり、原因を取り除かないことにはどのような施策をしたところで意味をなさないことは、前述のとおりですが、どうしても小手先の取組みに頼らなくてはならない状況になることもあります。では、小手先だけど即効性のある取り組みとは

　①入社祝い金の支給

　②一時的に手当てを支給する

　③給与を増額する

　④大々的に告知したうえで集団面接を実施する

①②③については、カネで釣るだけの施策であり、仮に釣られた人材が入社したところ、まともな人材であれば続かないでしょうし、まともな人材でなければ居座られて困るのが関の山でしょう。

④についても同様です。

とにかく受入側の人材が定着できる組織風土が無ければ意味がありません。

第1章　自社の人手不足の原因はナニか？人材採用・人材雇用はマーケティングと同じ

7 新卒者が就職の際、気にする情報とは？

前述した、新卒者が実際に企業に公開してほしい情報を再掲します。

・3年以内の離職率

　求職者、特に初めて社会に出る新卒者として、この"3年以内の離職率"は本人ならずとも、親としても気になる情報です。

　「石の上にも3年」という諺があるように、新卒で入社して3年以内に退職するに至るには、何かすごい事情があるのでは？と思えてしまうのでしょうか（実際はそうでない場合が多いのですが）。

　一般的な新卒者の退職理由として、長時間労働に伴う学生時代との自由になる時間の大きなギャップが挙げられるでしょう。

　日本においては、生涯雇用が崩れてきたとはいえ、未だ離職に対して（特に最初に就職した組織の離職）、抵抗感が強いのが事実でしょう。そこでこのデータが気になるのでしょう。企業側もこの事実を受け止め、新卒で入社した人材が3年以内で離職しないための施策を実施する必要があるでしょう。何といっても、3年以内で離職されれば一番被害を被るのは企業側ですから。

・平均勤続年数

　上記の"3年以内の離職率"のデータから外れ、3年を何とかやり過ごしたところで、ではどのくらいの平均勤続年数なのか。

　その平均勤続年数を自分に当てはめ、将来設計を試みる学生の考えは非常に真っ当だと思います。

　最近の若者は現実主義であり、悲観的なデータを見せられても「自分だけは例外、大丈夫！」と思えないのです。「このようなデータがあるのなら、自分にも当てはめて考えるべきだ」と考えます。このことは企業側もよく認識したうえで、平均勤続年数が少しでも伸びていくような施策の実施が必要でしょう。人材を使い

捨てするような企業でなければ。

・**有給休暇取得率**

　経営者にとって有給休暇は悩ましい問題です。

　法定労働時間である週40時間を一日8時間労働で計算すると、休日数は年間105日となります。また、多くの企業ではこの休日に加え、祝日、盆暮れ正月を加味すると年間125日くらいの休日となります。これだけ休んでおいて、更に年間20日の有給休暇（原則、継続勤務6年半の場合）とは、「どれだけ休むの！」と経営者の嘆きが聴こえてきます。

　でも、これは法律で決まっているので仕方がないのです。

　私はコンサルタント業の他に社会保険労務士事務所も主宰していますが、「就業規則」作成の際、経営者から、「何とか、有給休暇のことを記載しないで欲しいのですが」と相談されます。

　でも、それは無理な話です。確かに、勤続年数に応じた有給休暇付与日数表の掲載を避けることは出来るでしょうが、有給休暇の規定を削除することはできません。経営者として出来ることは如何に部下・同僚・上司及び会社に対して影響が及ばないように有給休暇取得について最大限考慮する組織風土を構築するしかありません。ただこのような組織風土造り自体、いかがなものでしょうか。逆に有給休暇の取得を推進し、「当社は有給休暇20日間完全消化させる会社です！」とPRした方が人材の採用・定着に効果的です。

　このように法令で義務付けされた、当たり前のことでもPRすることで非常に会社の"売り"になることがあります。

　ただ、注意点があります。この"有給休暇完全消化"は、組織風土として人材の定着化が実現できた組織で実施してください。人材の定着化が出来ていない組織で、有給休暇取得推進をしてしまうと、有給休暇取得が目的となり、周りに迷惑が及ぶ有給休暇

取得になる場合があり、人材についても、権利ばかり主張して義務を果たさない人材が出来上がる可能性があります。

　私の関与組織では（10人未満の小規模組織）、年間休日125日有ったのですが、人材の定着化が実現する前に有給休暇完全取得を試みたところ、無理やりにでも有給休暇を取得する従業員が現れ、組織内が殺伐となったことがあります。

・産休や育休制度の利用率

　これも経営者にとって頭の痛いことです。

　法令で決まっていることなので避けて通れないのですが。

　ただ、ここでまともな経営者にとって"頭の痛いこと"とは、産休や育休制度を利用されることではなく、これらの制度利用後に会社に戻ってきてもらえるのか？という不安なのです。

　もちろん、職場復帰したくても待機児童の問題などで出来ない場合は仕方ありませんが、

　・職場復帰が嫌になった

　・モチベーションが切れた

　などの理由で職場復帰を断念される場合、会社側にとってはたまったものではありません。しかも、復帰時期間近に。

　このようなことを防ぐためには、やはり、人材の定着化、人材の徹底活用、従業員の会社へのモチベーションアップの実現が必要でしょう。これらが組織風土として実現できていれば、職場復帰が嫌になったり、モチベーションが切れる可能性はかなり低くなるでしょう。

　因みに名古屋市が実施した「男女平等参画に関する大学生の意識調査（H28-3）」によると、名古屋市域の国公私立大学11校に在籍する男女大学生に対する「就職先選択に際して重視する項目」の調査結果として、次のことが50％を超える項目として挙がっています。

・仕事内容
　　・安定性
　　・自分の成長・やりがい
　　・職場の雰囲気
　　・勤務時間・休暇

　この５項目と前述の新卒者が企業に公表してほしい情報（３年以内の離職率、平均勤続年数、有給休暇取得率、産休や育休制度の利用率）と比べてみますと、少々違和感を覚える方もいらっしゃるかもしれません。

　ただ、このように理解できないでしょうか？

　「新卒者は、企業に対して真実の待遇等の情報開示を希望しているが、就職先を選択する際、重視することは待遇だけではなく、仕事・組織へのモチベーションを保つことが出来るか否かを判断基準とする」

　また、本章の３項では、「人手不足対策」を「マーケティング」に見立て、人材採用、人材の定着化、人材の徹底活用、従業員の会社へのモチベーションアップを説明しましたが、

　　・仕事内容　⇨　人材の徹底活用
　　・安定性　⇨　人材の定着化
　　・自分の成長・やりがい　⇨　人材の徹底活用
　　・職場の雰囲気　⇨　人材の定着化
　　・勤務時間・休暇　⇨　人材の定着化

で、実現できることばかりです。

8　中途採用者が転職の際、気にする情報とは？

　ここでは、実際の中途採用者が転職の際、気にする情報のデータを提示しての考察ではなく、現実的な話題にしようと思います。

　転職希望者が転職先企業に対する気になる情報とはズバリ、

　　　　　　　　前職との比較

です。

　転職するかもしれない職場は、前の職場と比べてどうなのか？これに尽きます。

　比べる内容として、給与、勤務時間、休日、仕事内容は一応開示されています（開示されている情報が真実か否かは別として）。

　これらの雇用条件以外に、職場の雰囲気や人間関係は転職の際、なかなか判りません。

　これらのことから、転職者が「転職に失敗した！」と思えるのは
　・給与、勤務時間、休日、仕事内容等の開示されている情報に
　　偽りがあった
　・職場の雰囲気、人間関係が悪かった
の場合が殆どでしょう。

　このことを経営者が認識してください。そして、この手の情報はスグに広まりますから。実際、Web上では就職・転職の際の企業の情報が勤務中の従業員や退職した従業員からたくさん寄せられています。

　これらの情報は全て真実とは言えないでしょうし、嘘もあるかもしれません。ただ、転職者として自分が就職するかもしれない会社の情報は「藁にも縋る」想いで信じてしまう可能性が高いのです。

9 あなたの会社では、仕方なく働いている従業員の割合はどれくらいですか？

　人材採用→人材の定着化→人材の徹底活用→従業員の会社へのモチベーションアップの仕組みと組織風土が構築されていれば、「仕方なく働いている従業員」は非常に少ないかゼロだと思います。

　しかし、この仕組みと組織風土が構築されている企業はごく少数ですから、あなたの会社にも「仕方なく働いている従業員」が結構な数居るのではないでしょうか？

　ここで注意して頂きたいことは、「生活のために働いている従業員」

は除外してください。「働かなくては生活できない：ニーズ」は当然ですから。

「仕方なく働いている従業員」とは、
・どうせ俺なんかこんな会社しか雇ってくれない
・他にやることないからここに居る

みたいな従業員です。これらの従業員を

「猜疑心の塊・卑屈従業員」

としましょう。

なぜ、このような「猜疑心の塊・卑屈従業員」がつくられてしまうのでしょうか。もちろん、入社したときから既に出来上がっている方も居ますが、殆どの場合、

会社が「猜疑心の塊・卑屈従業員」を造ったのです

でも、どうやって？

それは、そのように扱ったからです。

「お前らはダメだ」「また、やらかしやがって」等と発言することはもちろん、表向きは評価・信頼している素振りをしていても、本章の5項に書いたように、"上辺だけ従業員を大切にしているように見せかけて、腹の中ではバカにしていたり、ぞんざいに思っていること"による負の成果なのです。

他にも、業務遂行と関係の無い、素行、趣味、学歴、宗教などをネタにあからさまに従業員をバカにしている社長や管理職、女性蔑視・軽視の社長や管理職が存在します。「女性活躍推進法」に対応すべきこの時代に何とも時代錯誤の類人猿が存在しているのですが、未だに電話してきて女性が出ると、「誰でも良いから男を出せ」という無教養な社長が居ることも事実です。

このような社長や管理職が幅を利かせている会社に良い人材が集まる訳がありません。

「猜疑心の塊・卑屈従業員」が10％以上存在している会社は、その

状態から何とか脱却しなくてはなりません。

　「猜疑心の塊・卑屈従業員」であっても、そのうちの半数は本来会社に貢献したいという想いを持っている従業員だと思います。この「猜疑心の塊・卑屈従業員」を５％脱却させることにより、組織風土は良い方向に一変する可能性が高いのです。

　では、どのようにして「猜疑心の塊・卑屈従業員」を一般の従業員に仕立て上げるのか？

　逆行するようで申し訳ないのですが、

「ヒトは他人を変えられない」

のです。

　自分の妻や子供も変えられないのに、赤の他人である従業員を変えることは非常に難しいのです。ですから、自己啓発研修に従業員を強制的に参加させる企業はムダなことを実施していると思えてしまいます。たまにおめでたい従業員が居て、「自己啓発セミナーに参加して目から鱗でした。セミナーで学んだことを元にがんばります！」との感想を朝礼や社長に発表する場合もありますが、その従業員の一年後を確認してみてください……。もうお分かりですね。ですから、この手のセミナーは儲かるのです（余分なことを書いてしまった……）。

　「ヒトは他人を変えられない」のですが、自分自身が「変わろう！」と思えば、いつでも変えられるのです。そのように思わせることが出来るのは、外部のセミナー講師やコンサルタントではなく、いつも一緒に仕事をしている上司や社長です。

　実はズバリ「自分は変わろう」では無いのですが、本章３項の"人材の徹底活用"の手順に従えば、実現できる可能性が非常に高いことを理解してください。

　詳細は、フィードバックして再度、確認して頂きたいのですが、概略は次のとおりです。

該当人材の現状の能力把握

⇩

該当人材に能力を発揮させるための施策

⇩

該当人材に会社が要求すべき能力のハードルの設定

⇩

該当人材の現状の能力と会社が要求する能力の
ハードルとの差を埋める教育訓練の計画、実施、検証

　この施策により、「仕方なく働いている従業員＝猜疑心の塊・卑屈従業員」を救ってあげてください。このことが実現できると、「猜疑心の塊・卑屈従業員」が「スーパーモチベーション従業員」に変身することが出来るでしょう。

10 「ヒトの採用」と「関連するモノ・コト」を明確にする

　ここでは
　・なぜ、新規採用できないのか？
　・なぜ、既存従業員が辞めてしまうのか？
　について、「関連するモノ・コト」で考えてみたく思いますが、どのようなモノ・コトがあれば新規採用が出来るのか？既存従業員が退職しないのか？を探ってみましょう。
　本章の３項では"人手不足対策はマーケティングに学ぶ"として、人材を顧客（見込み客を含む）に当てはめ説明しました。

○新規採用に有益なコト・モノ

　マーケティングに於いて、顧客獲得のための一番簡単な考え方は、「顧客に売りたければ顧客になれ！」ですね。要するに顧客の立場で考えるということです。言葉にすると簡単なのですが、結構難しいのです。

第1章 自社の人手不足の原因はナニか？人材採用・人材雇用はマーケティングと同じ

これを新規採用に当てはめると、求職者の立場になって考えることが必要です。

求職者は
・どのような会社に就職したいのか？
・就職先（転職先）のナニを気にするのか？

この辺のことは本章の7項で説明しましたので、もう少し具体的（但し小手先？）なことを考えてみましょう。

その前に、あなたの会社で採用したい人材を出来るだけ具体的に想定してください。求人募集の際、条件を付けることは難しいですがそれでも具体的に想定してください。

・年齢は？
・家族構成は？
・性別は？
・経験は？
・保有資格、免許は？
・どこに住んでいるのか（会社からどれくらいの距離か）
・どれくらいの給与が欲しいのか
・その他

これが想定出来たら、「ニーズ」「ウォンツ」も想定するのです。
例えば、トラック運送事業者の求人の場合、
・年齢：25歳～45歳くらい
・家族構成：妻、3歳～18歳くらいの子供二人
・性別：男性
・経験：数年から20年位
・保有資格、免許：普通自動車免許
・住居、通勤距離：○○市内、10キロくらい
・希望給与：35万円／月　くらい
・その他：共働き（妻も働いている：ファミレス？）、夜勤は無理

この条件から、「ニーズ」と「ウォンツ」を想定してください。
・ニーズ：
　・妻も働いているので子供の保育園の送迎を想定して自動車通勤が可能なこと
　・夜勤がないこと
・ウォンツ：
　・働いている妻は土日勤務も想定されるので、可能であれば平日休みが欲しい
　・普通免許のみ保有しているので大型やけん引免許を取得したい

などが想定できます。
　実際は、ここまで細かく考えなくても良いのですが、このような着眼点が新規採用の際に必要であることを認識しておいて頂きたいのです。また、私が主宰する組織や関与組織で求人募集の文言に次のことを付け加えたら応募者が一気に増えたことがありました。
　・一生続けられる仕事です
　・トイレがとてもきれいです
　・社内禁煙です（若しくは喫煙自由です）
　・社員同士の仲は良いですが飲み会の強制参加はありません
　・65歳まで現役で勤められます

このような文言が応募者の琴線に触れたのでしょうね。

○既存従業員が辞めないために有益なコト・モノ

　本章の2項で、従業員が退職する際に退職理由を必ず訊くことが重要であると説明しました。
　この退職理由が現存する従業員にも当てはまるのかを確認すべきです。決して、従業員の顔色を窺ったり、機嫌を取るということではなく、ムダな人材流出を抑えるために必要なコトと理解してください。
　経営者にしてみると、たいしたことの無い理由であっても当事者に

とっては非常に重要なこともありますし、経営者から視てそのことを是正すること自体も非常に簡単なこともあるのです。

　以前の事例では、女子社員の退職が半年間で3回続いた際、よくよく理由を尋ねると会社が入居しているビルの管理会社の担当者が少々女性から嫌われる要素がある年配の男性であり、その男性がちょくちょく顔を出していたのが原因だったことがあります。その男性からしてみれば悪気のない行動なのでしょうが、こんなことで社員に退職されたら経営者はたまったものではありません（こんな理由で退職する職員自体にも問題あると思えますが）。

　放置しておくと従業員の退職に繋がる可能性のあるコトを炙り出す意味でアンケートを実施することをお勧めします。

　その際、「従業員満足アンケート」などという名称で実施するのではなく、改善提案として実施して頂きたいので、「職場環境改善提案シート」という文書を作成し実施してください。

　あくまで、従業員の顔色を窺う施策ではなく、職場環境を改善するための施策であることを社内に理解させてください。

　「職場環境改善提案シート」の記載内容には、経営者から視ると、「何だ、こんなことが不満なのか」とバカバカしいような内容も散見されますが、それも事実なのです。

　本章の2項の"従業員の定着化"でも説明しましたが、従業員が定着しない理由として経営者、管理者側の問題が多々あり、それらの理由により従業員が退職することもありますので、「職場環境改善シート」は無記名での実施を検討すべきです。職場を改善するにあたり、設備的なコトや仕組み的なコトでしたら実名で提案できるのですが、「〇〇部長のバックマージン着服」や「□□部長のセクハラ」などはとても実名で記載できないでしょう。そのためにも無記名が良い場合があります。

　私が関与先企業にこのように従業員から意見募集を行う際、活用す

るのがWebです。意見募集を行う会社が自社内で自社HPに意見募集シートを構築出来れば良いのですが、自社サイトを持っていても自分たちでは簡単な更新は出来ても意見募集シートの構築を出来ない場合が殆どですから、私が主宰している組織で運用しているサイトに意見募集ページを組み込み、意見が記載された場合、あらかじめ設定したメールアドレスに飛ぶようなシステムを設定しています。もちろん、匿名でも実名でも投稿できるようになっています。

　以上は、既存従業員が辞めないための施策として「職場環境改善シート」を活用した問題点抽出活動ですが、このような問題点抽出や改善提案を実施し、従業員からの意見を集めた結果、絶対にやってはいけないことがあります。それは、
やりっぱなしにする
です。要するに、意見を集めるだけ集めておいて、その後の行動に移らないということです。このようなやりっぱなし企業が何と多いことか！やりっぱなしなら最初から実施しないほうが10倍マシです。
　意見を提出した従業員からすると、せっかく勇気を出し、面倒くさい思いをして意見を出したのに無視された。と感じるのです。
　「職場環境改善シート」を活用して、従業員から意見を集めたのであれば、次のことを実施してください。
　①集まった意見を公表する（公表し難い意見は別途協議する）
　②集まった意見を次の二種類に分ける
　　　・経過観察
　　　・対策を施す
　　　・実態・詳細を調査する
　③"②"で"対策を施す"とした場合、どのようなスケジュールで対策を施すのか決定する
　"②"で集まった意見を"経過観察"とすることは、何も対応しな

いことを同じなのですが、このような意見が出たことを公表し、経過観察する決定というプロセスを経ているので問題が生じ難いのです。

とにかく、**会社として広く従業員から職場環境改善に繋がる意見を求め、その意見を採用し、職場環境改善を実現していこうという強い意志があることを従業員に示すことが非常に重要なのです**。

11 採用の本気度が伝わっていない？

私は転職経験が少ないので、「転職のエキスパート当事者」ではないのですが（「転職のエキスパート」にはなりたくは無いですが）、転職を繰り返し、求人広告をよく吟味しているヒトから視ると、採用の本気度が強く伝わってくる求人広告とそうでない求人広告が存在するとのこと。私は最初その意味を理解しかねましたが、本章の3項で説明した、"一見まともそうなウェブサイトであっても同業者から視ると決して褒められない内容が読み取れたりします"のとおり、部外者や関係性の浅い人が視ても何も感じない内容でも、慣れた人が視ると真の内容を感じ取れる場合があるのと同じです。

実際、求人広告の中には本気で求人を考えていない企業も散見されます。"本気で求人を考えていない"というと虚偽の求人広告掲載と思われるかもしれませんが、そのようなことではなく、

・良い人が居れば採用したい

・是非、当社に入社したい人が居れば採用したい

ということであり、切羽詰まった求人ではないということです。

また、求人募集には次のタイプがあります。

・増員募集 ──┬── ①単に増員する
　　　　　　　└── ②新しい業務・部署が稼働するための増員

・欠員募集 ──┬── ③既に欠員になっている
　　　　　　　└── ④○か月後に欠員になる

当然、本気で求人募集しなくてはならない一番手は③④でしょう。

求人募集の緊急性の順番としては、③→④→②→①であることが理解できるでしょう。

　以前、私が主宰している組織で人材募集をWebで実施したところ100名を優に超えるエントリーがありました。その一人ひとりにメールで詳細な業務内容、採用に対しての想い等を記し、賛同していただける場合は「履歴書」を送付していただく旨を送信したのですが、実際に送付されてきた「履歴書」は何通だと思いますか？
　何と10通弱。
　余談ですが、実際は120名ほどのエントリーで、「履歴書」の送付が10通弱、メールでの応募辞退が10通。要するに約100名のエントリーした求職者は無視です、無視！
　エントリーする際に氏名、メールアドレス、電話番号、住所地等を伝えてきており、場合によっては写真やさらに詳しい内容等も開示しているのですが。普通であったらこれだけの個人情報を開示しているので、変な辞退の仕方はせず、「今後ご縁があればよろしくお願いします」くらいのメール返信があってもよさそうですが。しかも、60歳超えのエントリー者もありその方も当然無視でした。ヤレヤレどのような人生を送り、仕事をしてきたのか……。
　でもこの事例は、Web上の求人広告の内容が良くなかったのだと思います。どのように良くなかったのかと言うと、「是非、採用したい！」という採用にかける想いや本気度が伝えられていなかったのだと思います。それに対してエントリー者に対して送信したメールの内容には、採用の本気度が色濃く反映された内容だったのです。
　求職者は、Web上の求人広告を視た際、勤務地も繁華街に近く便利な場所にあり、仕事内容も事務関係で、年間休日も125日なのでとりあえずエントリーしようと軽い気持ちでエントリーした求職者が相当数居たのだと思います。そして、その後、送信されたメールの内容

第1章　自社の人手不足の原因はナニか？人材採用・人材雇用はマーケティングと同じ

を視てビックリ。自分が応募に際してそこまで深く考えていなかったことに気づき、応募を見合わせた（「履歴書」を送付しなかった）のでしょう（それにしても辞退メールくらい出してほしかった）。

本項では、面接についても触れておきましょう。

求人募集する側の優良人材を見抜く面接手法についてはここでは差し控えますが、求職者側に立ちどのような面接が必要なのかを少し触れておきます。

まず、求職者（被面接者）が知りたい情報だが、質問し難い情報を面接の最後の方で良いので伝えてください。例えば（前述した内容と重複しますが）

・残業時間
・休日出勤の有無
・有給休暇取得率
・離職率

など。これらの内容は、本章の10項で説明した、求職者の「ニーズ」「ウォンツ」に着目して、伝えてあげましょう。

例えば、自社として是非採用したい求職者の「履歴書」には、趣味が登山と記載してあれば、有給休暇の取得状況について予め伝えてあげると良いと思います。その時の自社の有給休暇取得状況が思わしくなく、仮に10%であったとしても嘘をつくことはもちろん厳禁で、正直に有給休暇取得率が10%であることを伝えるのです。しかし、ただ伝えるのではなく次のように伝えるとどうでしょうか？

「当社では有給休暇の取得率が10%ですが、何とか改善して50%くらいまで上げたいと思っています。そのためには業務の生産性を向上させムダな作業やムダな休憩を削減していかなくてはなりません。採用が決まればそのことにも心掛けてくださいね」

残業時間についても

「当社の現状では、お恥ずかしい話、残業時間が月40時間ほどあり

ます。ただ、このままでよい訳がないので新しく入社された方を含め、残業時間を月10時間以下に削減するための取組みを始めたいと思っています」

　ただ、求職者の「ニーズ」として残業代をたくさん稼ぎたいということが感じられるのであれば、「当社は月残業時間が40時間です」とそのまま伝えても良いのかもしれません。

　これらの残業時間、休日出勤、有給休暇取得率などの質問は、求職者であれば当然、気になる事項であり、当然の質問なのですが、実際、面接時に質問されると、「入社後やたら権利ばかり主張して社内の和を乱すのでは？」と、どうしても印象が悪くなってしまいますので、面接の最後の方にこちらから予め情報開示することが有用なのです。

　前述の面接手法は求人募集の緊急度に応じて使い分けてください。

　求人募集の際に採用の本気度を伝えることは、結構難しいのかもしれませんが、採用の本気度がどこまで伝わっているのかが応募者数増加の鍵となることを認識してください。

12 人手不足の原因は、社長あなたです

　本章では「人手不足」の原因を探ってきましたが、原因を造っている人も、原因を解決できる人も結局は社長なのです。

　社長としては「心外！」と思われる方もいらっしゃると思いますが、敢えて次の考えを持っていただきたいのです。

会社で起きている全てのことは社長の責任

　このように指摘されて腹が立つ社長もいらっしゃると思いますが、「逆に何かラクになる」と感じた社長もいらっしゃるのではないでしょうか。

　「会社で起きている全てのことは社長の責任」の意味をよくよく考

えてみてください。しかも、

会社で起きている問題を解決できるのも社長

なのです。

　社長、どうか、問題と正面から向き合ってください。

　問題が噴出した政治家のように「秘書のミス」なんて言わないで「自分の責任であること」を重々理解して頂き、解決に向けて行動してください。

　決して、

良きに計らえ

と、扇子でパタパタ仰いで他人事のように逃げないでください。

13 なぜ、大企業に人が集まるのか？
（単にブランドだけではない）

　本章では"人手不足の原因はナニか？"を探ってきましたが、本章の最後のテーマとして、なぜ大企業はそれほど採用に困らないのか？について考えてみましょう。

　この答については、皆さん想像が付きますよね？

・ブランドがある……一気になくなる可能性あり

・社会的評価が高い……一気に低くなる場合あり

・福利厚生がしっかりしている

・休日が多い……大企業であっても休日が少ない場合もある

・残業が少ない……申告できない残業も多数の場合あり

・まともな従業員が多そう

・まともな上司が多そう……そうとは限らない？

・給与が高い……そんなに高くない企業もあり

・安定している……リストラの可能性あり

・知人、友人に自慢できる

　前述は求職者から視た大企業への印象を箇条書きして、その右に私

のコメントをつけました。このコメントのようなことが全く起こらない可能性もありますが、リスクとして存在していることは事実です。

　ただ、"福利厚生がしっかりしている"、"知人、友人に自慢が出来る"は当たっているのでないかと思います。しかし、"まともな従業員が多そう"については、相対的には当たっているのでしょうが、全員がまともとは言い切れないでしょう。幾つも事例はあるのですが、一つお話しますと、ある女性が執拗なストーカー行為に合い、警察沙汰にもなって、ストーカーの勤務する企業の総務部にも訴えたのですが何も行動してくれませんでした。その企業とはだれもが認める大企業でしたが。

14 大企業の従業員は本当に優秀なのか？ 仕事は出来るのか？

　ここで言う"大企業の従業員"とは、高学歴の人材の中でも一般的に入社することが困難である大企業の該当職種（いわゆるキャリア）を指しています。

　このような大企業の該当職種に就くことは、ある一定の基準をクリアしており、当然優秀な方も多く、仕事の内容も大変であることが事実です。中小企業においても、このように優秀な方も散見しますが、割合としては大企業に劣るのではないでしょうか。

　中小企業として新卒採用する際、就職氷河期でもなければなかなかこのような優秀な新卒者を採用する機会が少ないのでしょうが、それは仕方のないことです。だからこそ、教育訓練が必要なのです。

　従業員の能力開発については、どの企業も苦慮しており成果が出し切れていないようですが、本章の3項の"○人材の徹底活用"で説明した内容をぜひ実施して頂きたく思います。

　中小企業と一口に言っても、様々な中小企業がありますが、その中で絶対的な人材育成のノウハウを有している企業もあります。

　そもそも大企業は優秀な従業員を雇用する理由として、

第1章　自社の人手不足の原因はナニか？人材採用・人材雇用はマーケティングと同じ

高学歴の成績優秀な従業員＝困難な仕事の処理能力が高い

を前提に採用理由の一つとしていますが、ここ10年位は、「勉強が出来ることと、仕事が出来ることはイコールではない」ということが社会で理解されてきました。このことから、

高学歴ではなく勉強成績はイマイチだが仕事の処理能力は高い

という従業員の存在を認識できるのではないでしょうか。

　実際、あなたの会社が中小企業の場合、社内で高学歴や一流大学出身ではない、仕事のできる従業員やエースが存在しているのではないでしょうか。このような従業員を一人でも多く採用したいですね。

　また、私はコンサルタント業以外にも社会保険労務士・行政書士事務所を主宰しており、過去25年の同業者との付き合い、事務所の補助者（従業員）採用（面接は1000人以上）の経験から、試験合格にそれほど苦労していない方が仕事の処理能力に非常に問題がある事例をたくさん見てきました（もちろん人間性に問題ある場合も……）。要するに試験合格と仕事の処理能力の関連性が見出せないのです。ただ、法的な資格については資格者が存在しないことにはその業務を遂行できないだけなのです。

　「人手不足」の中小企業に於いては、高学歴 or 一流大学出身ではない"出来る人"を如何に採用し、育成していくのかが企業の存続・発展のカギの一つでしょう。なぜなら、大企業に比べて、仕組み化が遅れており、ノウハウや技術の少ない中小企業に於いては、この"出来る人"の存在は、単に人数的な価値ではなく、社内における人材の育成やノウハウの構築・蓄積等で通常の人材の何倍もの価値を提供してくれるからです。

　このような人材が、一人から二人、二人から三人、三人から四人と増えていくことによりスパイラルアップが図られ、それこそ企業の改善・発展が足し算ではなく掛け算になっていくのではないでしょうか。

　中小企業は組織を良くするための要素や改善点の宝庫であり、社長

さえその気になればいくらでも、今よりも良い企業になれるのです。
　そのことを実現するためには、先ず「人手不足」解消から着手してみてはいかがでしょうか。

　次章以降、今までよりさらに辛辣な内容になりますので、経営者によっては気分を害される方もいらっしゃるかもしれません。
　問題から逃げずに、正面から向き合う覚悟のある方だけが次章を読み続けてください。

第2章

「社会から必要とされる企業」と「存在しなくても良い企業」の違い

1 あなたの会社は顧客から、社会から必要とされていますか？

　20年近く前の話ですが私の関与先企業に某機関の方がいらっしゃり、様々な指導をされました。その指導内容については詳しくお話しできないのですが、非常に詳細でしつこい内容でした。

　あまりにもしつこく、かつ、多少無礼であったため、当該企業の社長が、「当社も決して少数とは言えない〇名の雇用をしており、その方たちの生活を支えているのだから、このことは社会的責任を果たし、社会的に評価されるべきことではないのか。もし、当社が倒産ということになれば、当社で雇用している〇名の生活はどうなるのか！」とその某機関の担当者に伝えたところ、その担当者からの返答は次のようなものでした。

　「御社がもし、倒産したところで、雇用されている方たちは同業他社に移るだけですから大した影響はないですよ」と。

　この発言には、社長も私も理論的な返答に窮しました。
　もちろん、腹も立ったのですが、真実でもあり、当該企業の業種も違法ではないのですがグレーな部分が残る業種でしたので尚更です。
　その後、当該某機関からの指導も乗り切り、当該社長は前述の発言に危機感を持ち、社会から必要とされる企業への転身に尽力したのです。現在でも、その企業は規模が拡大し存続している現状をみると、社会から必要とされる会社になることが出来たのだと思います。

では、あなたの会社は、顧客から、社会から、必要とされている会社でしょうか？
　"必要とされている会社"とは、代わりがきかないということですね。具体的には
　・唯一無二の製品を販売や製造をしている
　・唯一無二のサービスを提供している
　・独自のノウハウを持っている
　・顧客との深い信頼関係がある
　・独自の特許や免許を持っている
　・ブランドがある
　・ファン客が多い
　・社会の役に立っている
　・社会的信用・信頼が厚い
　・他にまねのできない規模である
　・他にまねのできない品ぞろえをしている
　・他にまねのできない価格で売っている
などが考えられますが、上記は"必要とされている会社"の一部であり他にもたくさん考えられます。また、上記の"唯一無二"とは、日本全体で唯一無二でなくてもその地域や業界でも構いませんし、"他にまねのできない"についても厳格に考えなくても良いでしょう。また、価格については、ただ単に値引き販売することは愚の骨頂ですが、企業努力の結果の低廉価格の実現はノウハウであり"他にまねのできない"に該当するでしょう。
　いかがでしょうか？

　もしあなたの会社が、顧客や社会から必要とされている会社に該当しない場合、「人手不足」に陥る可能性が高まります。なぜなら、顧客や社会から必要とされていない会社の場合、人手不足解消の鍵とな

る、"人材採用→人材の定着化→人材の徹底活用→従業員の会社へのモチベーションアップ"を実現することが困難だからです。

ただ、例外もあり、

　　　　社会からは必要とされているが、常に人手不足の業界

を思いつかれる方も居ると思います。

　このような業界の人手不足については、国や行政も対策に乗り出しており、少しづつですが解消に向かっております。

　このような業界の企業（組織）は、存在価値が高く、正に「なくなっては困る業種」なのですが、そのことに胡坐をかき、ヒドイ場合は犯罪や不正が行われるようでは、業界のイメージ悪化は避けられず、その業界でまじめに運営している企業（組織）や、まじめに働いている人材は非常に迷惑を被ります。そのためにも、一部の問題企業（組織）や、問題従業員を排除し、「社会から仕方なく必要とされる」ことが無いようにしていただきたいと思います。

　ところで、あなたの会社は従業員から必要とされていますか？

　もし、あなたの会社が無くなった場合、従業員は困りますか？

　あなたの会社が無くなったところで、同業他社に転職するだけでは、あなたの会社の存在意義はあまりにも悲しいですね。

　もちろん、この"同業他社に転職する"は、技術的に可能か否かだけではなく、従業員があなたの会社に愛着を持っているのか否かも判断して頂きたいのです。

　過去には「流れ職人」という文言があり、どこで自分の能力を発揮するのかは重要ではなく、自分を高く評価してくれる場所に流れていく職人も多かったのですが、本質的にはヒトは変化を嫌います。できれば慣れ親しんだ職場が良いはずです。

　「マズローの欲求5段階説」でも説明しましたが、第三段階目の「社会的欲求」は、どこかに所属していたい欲求であり、その所属してい

たい場所は慣れ親しんだ場所が良いはずなのです。しかし、そのような親しみを持てない組織であれば問題なのではないでしょうか。

ですから、"従業員があなたの会社に愛着を持っているのか"が重要な判断なのです。

従業員が会社に愛着を持てない場合は、あっさり退職します。要は会社が従業員から必要とされていないということです。

あなたの会社が社会から必要とされているか否かを測るために非常に簡単なバロメーターがあります。それは、

　あなたの会社の従業員は、あなたの会社の製品を買いますか？

いかがでしょうか？

以前、自分がパート勤務する会社の製品を絶対に購入したくないという方と話したことがありますが、その方曰く、「製造工程や内部事情を知ってしまうと購入したくない」と言うのです。具体的な内容は判りませんが、購入したくない理由があるのですね。

このように会社の内情を良く知っている人が（従業員）、「購入したくない」との感想を持つ会社の製品はどうなんでしょうか。

私もマネジメントシステムの一環としてマーケティング指導をさせていただく場合がありますが、その指導の最初にプロジェクトメンバーに同様の質問をします。

　　　　Q：あなたは自社製品を購入しますか？

と。

「購入したい」と言う回答の場合は、なぜ購入したいのか？という製品の持つ強みや長所を明確にして、「購入したくない」という回答の場合は、なぜ購入したくないのか？の理由を明確にして、製品の改善に活かしていくのです。

その場合、購入したくない理由が膨大であり、その理由が納得できるものである場合は、マーケティング指導は中止です。

第2章 「社会から必要とされる企業」と「存在しなくても良い企業」の違い

　いくらなんでも内情を良く知る、従業員から（プロジェクトメンバーはある程度の役職者を中心に集める）、説得力のある購入したくない理由を訊かされては、マーケティング指導は無理なのです。また、自社製品に愛着を持たない会社のマーケティング指導自体も無理があります。そのことからも

　　　自社製品に愛着を持てない　≠
　　　　　従業員の会社へのモチベーションアップ

と言うことになります。
　自社製品に愛着を持てない会社の従業員の会社へのモチベーションアップは非常に困難です。ですから、自社の「売りモノ」を磨く必要があるのです！このことは非常に重要なので再度記載します。
　「人手不足」を是正するためには、「従業員のモチベーションアップ」が重要。

　　　「従業員のモチベーションアップ」には、
　　　　　自社の「売りモノ」を磨く必要がある

　あなたの会社の「売りモノ」（製品、サービス）がくすんだ状態であれば、まず磨いてください。このことについては、第3章で説明します。
　そしてもう一つ重要なコト。
あなたの会社は小学生から

　　　　　・何をしている会社なの？
　　　　　・どのように役に立っているの？

と質問されたとき、スムーズに回答できますか？
　"どのように役に立っているの？"については、完全非合法な商売を含めて、グレーな部分がある商売でも、誰かの役には立っていると思います。この質問では、そのことを言っているのではありません

(但し、役に立っている"誰か"は非常に重要ですね。社会的にあまり褒められないような方の役に立っていても仕方ないですから)。

社会が発展していくうえで、良い社会になっていくうえで役に立っているのか？ということが重要なのです。

パッとは思いつきませんが、社会の発展に役に立っていない会社もあるのではないでしょうか。

また、"何をしている会社なの？"に対して、仕事内容の複雑さや、年配の方に理解され難い仕事のことを指しているのではなく、小学生から「なぜ、なぜ」で質問攻めにあったとき明確な回答が出来ずに、「そんなことは子供が知らなくてもいいの！」と会話を打ち切らなくてはならない場面に遭遇したことはありませんか？

この"子供が知らなくてもいい"については、大人の都合で説明できないことも多いのですが、一つ注意して頂きたいことは、どのような仕事でも誰かの役には立っているということであり、その存在意義をその組織で働く従業員に認識させることが出来れば、本項の問題定義は一つ解消されたことになるのかもしれません。

以上、
・小学生に何をしているか説明し難い会社
・社会の発展に寄与していない会社
・自組織で働く従業員に自組織の存在意義を認識させられない組織
でもこの本に書いてあることを実行すれば「人手不足」は緩和されると思いますが、そのために活用することは控えて頂きたいと思います。

2 あなたの会社の業務内容は代わりが利きますか？

本項は、前項と類似していますが焦点を「製品」「サービス」に当てないで「業務内容」で考えてみましょう。

私事で恐縮ですが、実は自分自身目指していることがあります。この目指していることは実は約30年前から変わっていません。それは、

第2章 「社会から必要とされる企業」と「存在しなくても良い企業」の違い

他の人では代わりの利かない仕事をする

です。

　今の私の仕事に当てはめると、代わりの利かないコンサルティング業務を行うことです。私自身、コンサルタントとしてマネジメントシステムをコアとした数種類のコンサルティングを実施していますが、私でなくても全く問題の無いコンサルティングは実施する意味が無いので積極的にはお受けしておりません。また、私はコンサルティング会社以外にも社会保険労務士事務所、行政書士事務所を主宰しておりますが、私自身、これらの事務所業務への関与率が高くなく、決して唯一無二の社会保険労務士事務所・行政書士事務所だとは認識しておりません。

　私よりも優秀な社会保険労務士の方がたくさんいらっしゃることも十分に認識しております。

　一般的にコンサルタントや士業の方は業務の依頼を断らない傾向にあるようですが、いかがなものなのでしょうか？私は、ハイパフォーマンスを出す自信がなければ基本的に辞退させて頂きますし、お受けする場合でも、ハイパフォーマンスが出せない可能性があること、ほかに適任者がいればその適任者に担当していただくことを条件にお受けしております。

〇「お客様」は守るべき、助けるべき、成果を出して頂く対象

　ここではもう一度"顧客満足"について考えてみましょう。

　第1章、3項の"〇従業員の会社へのモチベーションアップ"では、"顧客満足"の意味について"欧米では「不満がない状態」を指します。"と説明しました。この解釈は当然正しいのですが、本項の"あなたの会社の業務内容は代わりが利きますか？"に対応する業務内容を実践するためには、「不満が無い状態」ではなく、

「あなたの会社がこの業務を遂行してくれないと困る」

という状態であるのが理想です。
　この状態はあくまで"理想"なので、そこまで業務の希少性を実現することは難しいですが、それに近い状態を目指すことは十分に可能でしょう。
　以上のことから物販以外の業務、例えば
　　・運送業
　　・ホテル業
　　・士業（弁護士、税理士、社会保険労務士、司法書士、行政書士等）
　　・コンサルタント業
　　・建設業（契約時にはモノを提供できないので当てはまる）
などは、業務の質を高め、お客様を守り、助け、成果を出せることが必要です（一部物販業でも同様ですが）。ですから、間違っても「この仕事をさせてください」と平身低頭でお願いすべきではないのです。
　誤解の無いように説明しますが、私はこれら業種の営業活動・マーケティング活動を否定しているのではなく、逆に積極的に営業・マーケティング活動を実施する必要があると思っています。そのマーケティング活動の中で自社の提供している業務・サービスを積極的にマーケット・社会に伝えることが重要であることは当然です。
　"「お客様」は守るべき、助けるべき、成果を出して頂く対象"ですから、このことが実現できないのであれば業務を受けてはいけません。
　コンサルタント業務を事例に取ると、顧客企業での問題解決について訪問を依頼されたとします。一般的にコンサルタントや士業は自分の持っている能力で解決しようと試みます（自分の保有している武器を使う）。例えば、見込み客企業から「組織の停滞感があり、もっと活性化した組織にしたい」と相談を受けたとしましょう。その場合、
　　・人事制度コンサルタント：人事評価制度を導入しましょう
　　・税理士：財務内容を紐解き利益分配の仕組みを造りましょう
　　・社会保険労務士：「就業規則」を見直しましょう

「問題には必ず原因がある」。このことはこの本で何回も説明しました。これからもたくさん説明します。では、"組織の停滞感"の原因は何なのでしょうか？その原因を突き止め、原因を取り除くことが出来る能力のある人にコンサルティングサービスを依頼しなくてはならないのです。

通常、コンサルタントや専門の士業は組織の問題の原因を特定や推察することが出来ます。原因を特定や推察が出来て、自分の能力では解決できない可能性がある場合でも、自分の持っている能力を無理に使い解決を図ろうとする……と言うと聞こえは良いのですが、自分の売上にしようとするのです。例えば、肌荒れの原因は食物アレルギーと推察できるにも拘らず、自社が販売している軟膏での治療を勧めたり、本来、冷蔵車で温度管理の元、輸送すべき食品を、自社が冷蔵車を保有していないので通常のトラックで運ぶことを提案するようなものです。

この業務姿勢でお客様を守り、助けられますか？

前述のコンサルタントでは、"組織停滞感"の原因を適切に突き止め、その原因を取り除くことが出来る適任者を紹介すべきなのです。

以上のことから、平身低頭で「何とか当組織にこの業務をさせてください」「どんなことでもやりますので」と"仕事をさせていただく"ことに奔走している組織では、"あなたの会社がこの業務を遂行してくれないと困る"には該当しないのです。他に幾らでもその業務を処理できる組織があるのですから。

そして、このような組織であれば、消耗戦に巻き込まれ、頭を全く使わなくても良いバカでもできる"値引き"に走るのです。

このような組織に求職者は集まりますか？
このような組織で長く務める優秀な人材は居るのですか？

また、問題の原因を取り除くことが出来ないにも拘らず自組織の売りモノで解決を図ろうとする組織も同様です。

私の関与先には運送業者がたくさんあり、残業時間を月一人平均10時間以上削減や交通事故半減の成果はそれほど難しいことではないのですが、これらの指導の中で前述のようなトラック運送業者（値引きを全面的に出し仕事を獲得している）の存在が見え隠れしてきます。
　読者の皆さんもご存じだと思いますが、運送業者が原因の悲惨な交通事故により尊い数多くの人命が奪われており、その対策として監督官庁である国交省も元々の法令遵守義務を強化したり、新しい義務を負わせるなど苦慮しているようです。
　運送業者にとって一番必要な「品質」は、「安全」であり、運送業者の安全対策にはある程度のカネがかかるのです。
　ただでさえ低廉な運賃で業務を引き受け、さらに安全対策を強化しなければならない現状を鑑みると、荷主に対する運賃値上げ要請は致し方ないことであり、その値上げの根拠を示し、荷主もその根拠は納得するのですが、そこで別のトラック運送業者Ｂ社が登場するのです。
　　　　「今までの運賃より値下げしてウチは運びますよ」
と。
　自社製品輸送を依頼している既存のトラック運送業者からの運賃値上げ要求に納得しかけた荷主ですが、Ｂ社の登場により、
　　　　　「では、Ｂ社さん、お願いします」
と、なってしまうのです。
　トラック運送業者Ｂ社とは、法令の義務事項も遵守できておらず、プラスの安全対策も殆ど実施していない業者です。このように、いつ交通事故を引き起こすかわからない運送業者があなたの近くをうろついているのです。これでは、けん銃を所持した不法在留外国人と変わらないのではないですか。
　皆さんも、高速道路で法定速度80キロを守って走っているトラックを尻目に100キロ超で追い抜いて行く別のトラックをよく目撃しませんか？トラックは原則、運行記録計という機械で走行速度を記録に残

しており、トラックの営業所ではその運行記録計の記録データを確認しているはずなのですが、速度超過などお構いなしの業者なのです。

このトラック運送業者B社は、当然のことながら「人手不足」です。このような不良業者は業界から退場いただくことが筋だと思います。

序章の8項に記載した内容を、以下、再掲します。

> このような「ブラック企業」や「ブラック企業予備軍」は企業規模に関わらず（大企業でも中小企業でも）、巷にあふれており、従業員としては永久に勤務する人はそう多くなくいずれ退職します。
>
> そのような「まともな感覚」を保有している、「ブラック企業」「ブラック企業予備軍」退職者を迎え入れることが出来る企業になっていることが重要なのです。

「社会から必要とされていない会社」「業務内容に代わりが利く会社」に勤務しているまともな従業員はいずれ退職することになるでしょう。その退職した"まとも"なヒトをあなたの会社で雇用するために準備が必要なのです。

本章の1項、2項と組織・企業の在り方を説明してきましたが、私自身のコンサルティング、監査活動のなかで、「守りたくない会社」「助けたくない会社」が存在したことも事実です。もちろん、人と人の付き合いですから相性は存在しますが、どう考えても守りたくも、助けたくもないのはもちろん、関わり合いたくない組織が存在しました。

この感覚は、コンサルタントや士業の方であればもちろん、通常の製品やサービスを販売している方でも頷いていただけると思うのです。

コンサル会社の立場から関わり合いたくない組織の一例を挙げると
- 経営者が「組織の活性化」や「社員の活用」とは唱えているが社員をバカにしている
- 社員をモノ扱いしている会社

・社員に比べ、社長が唯一無二で偉いと思っている
・コンサルタントに何とかタダで指導させようとする
・専門家から何とかタダで情報を得ようとする
・言い訳する社員が多数在籍する
・約束を守らない
・品のない行動をする（騙す、盗む、陥れる……）

　どうですか？　あなたの会社が一つでも当てはまる項目があれば、「人手不足」に陥る可能性があるので注意してください。

　ただ、"注意してください"と言われても、経営者でない限りなかなか修正することは難しいのでそのような組織に見切りをつけることも必要なのかもしれません。

　このよう会社の「人手不足」は当然であり、このような会社に勤務している"まとも"な方はなるべく早く退職されると良いでしょう。

　あなたのような"まとも"な方が能力を発揮する場は他に有りますから。

3　人手不足企業からの脱却を高らかに宣言する

　本項のタイトル……なんか、壮大なタイトルですね。
　でも、全く壮大ではないのです。要するに
　　　　　組織として当たり前のことを当たり前にやる
だけです。

　今まで、序章では人材採用に苦労していない会社や人材確保の仕組みが必要であることを説明し、第1章では「人手不足」に陥る原因を説明してきましたが、これらのことは当たり前のことばかりだと思いませんか？

　まず、組織として当たり前のことを当たり前にやり、その後、本章の1項、2項で説明した

・顧客・社会から必要とされる会社

第2章 「社会から必要とされる企業」と「存在しなくても良い企業」の違い

・他に代わりが利かない会社

を目指すのです。

　当たり前のことを当たり前にやるだけですから、何も"高らかに宣言"しなくても良いのですが、経営者の気持ちとして宣言して頂きたいのです。その前にもう一度、この本の第1章をお読みになり、謙虚な気持ちで「さて、当社はどうなのか？」と自問自答して頂きたいのです。

　最初に第1章をお読みになられたとき、反発したり、著者の私に対して反感を持たれる方もいらっしゃると思いますが、私自身、真実を執筆してきたと思っておりますので、もう一度、謙虚な穏やかな気持ちで第1章を読み返して頂けますでしょうか。

　そうしていただくことにより、冷静に自社の問題点や今後実施していくべきことがおぼろげながら見えてくるのではないでしょうか。

　そして、この本のこれから先を読み続けて頂きたいのです。

　この本をお読みの方は、人手不足組織の方ばかりでなく、コンサルタント・社会保険労務士等の先生方もいらっしゃると思いますので、この本に書かれている内容をネタに一社でも多く人手不足企業を減らして頂きたいのです。

　経営者は当たり前のことを当たり前にやり、人手不足企業からの脱却を思いっきりPRしてください。例として、

・朝礼や会議で社内に周知させる
・人手不足企業脱却宣言を文書にして社内掲示する
・顧客・取引先企業に文書を郵送（FAX）し周知する
・その他、利害関係者（株主、地域住民、エンドユーザー等）に周知する
・自社サイトで発表する

　可能であれば

・業界新聞に記事を掲載してもらう

　要するに盛大に花火を打ち上げるのです。そして、後に引けなくなるような環境を自ら造りだすのです。

　日本人は「不言実行」が美しいとされていますが、ビジネスの世界では絶対に「有言実行」でなくてはなりません。

　「不言実行」は人知れず正しい行いをする場合は非常に美しいですね。例えば、

　　・人知れずの清掃活動
　　・人知れず被災地に出向きボランティア活動

ただ、ビジネスの世界での「不言実行」の"不言"とは、

　　・実現できなかったときに恥ずかしくないから
　　・達成したときにたくさん褒めてもらいたいから

ではないでしょうか？

　そして、「有言実行」こそがPDCAで必要なのです。

　私の専門は「マネジメントシステム：PDCA：**Plan** 計画 → **Do** 実施 → **Check** 検証 → **Act** 改善 → ……」ですが、責任あるPDCAとは、

$$P→有言：宣言→D→C→A$$

だと思います。ですから、あなたも「有言実行」で人手不足企業からの脱却を実現してください。

4　ブラック企業にはブラック社員が集まる

　正しくは、
　ブラック企業にはブラック社員、就労的弱者、気の弱い人が集まるです。

○ブラック企業に集まるブラック社員

　「同じ穴の貉（ムジナ）」ということわざをご存知ですか？
　一見無関係のように見えても所詮は同類のことを指します。

第2章 「社会から必要とされる企業」と「存在しなくても良い企業」の違い

　ブラック企業とは、一般的には長時間労働・休日を与えないなどの過重労働をさせたり、残業代を支払わなかったり、労働者を使い捨てにする企業のことを指しますが、ここでは、前述に加え、社会的に問題のある企業、法令遵守からの逸脱が顕著な企業、法令を遵守する気が無い企業等のことをブラック企業と呼ぶことにします。
　このブラック企業を運営しているのはだれなのでしょうか？
　企業運営はごく小規模な組織でない限り、経営者だけで運営することはできません。運営しているのは従業員なのです。従業員の意志に反しているのかはともかくブラック企業の構成員は従業員です。
　その構成員でも
　・この会社に勤めていていいのかなぁと疑問を持っている人
　・就労的弱者
　・気の弱い人
以外は、ブラック企業の屋台骨を立派に？支えているブラック社員の疑いはないのでしょうか。
　組織や人は不思議なことに
　・金持の周りには金持が集まる
　・貧乏人の周りには貧乏人が集まる
　・胡散臭い人（組織）には胡散臭い人が集まる
のです。なぜなら、人は同類を呼び込み、同類になびく傾向があり、また、同類とは付き合っていてラクだからです。
　ですから、ブラック企業とブラック社員は一見関係なさそうに思えますが、所詮、同じ穴の貉（ムジナ）であり、ブラック社員にとってブラック企業に在籍していることはラクなので
　　　　　　ブラック企業にはブラック社員が集まる
のです。もちろん、ブラック企業の従業員すべてがブラック社員ではなく、前述のとおり、就労的弱者、気の弱い人、疑問を持ちつつ勤務している人が存在していることも事実ですが。

このようなブラック企業は、果たして存在価値があるのでしょうか。
　確かにごく少数でもブラック企業に存在価値を見出している人もいるでしょうが、社会全体としての存在価値はあるのでしょうか。
　もしあなたの会社がブラック企業の疑いがあるのであれば、一刻も早くブラック企業からの脱却を目指してください。ブラックの程度により脱却は困難を伴いますが、このままでは存続する意味が無いことを理解してください。

○人手不足に陥らない？ブラック企業

　本来、ブラック企業は人手不足のはずなのですが、案外、人手不足ではない場合も散見されます。確かに、従業員の退職者数は多いのですが、退職者数を補う採用者数が確保できるのです。
　ブラック企業の求人広告には、耳障りの良い文言が列挙されています。
・高額給与：
　　歩合給・成果給が殆どなので、成績がよければそれなりの高額給与が支給されるが、ノルマが達成できなければ悲惨な手取り。
・実力主義：
　　ロジカルな昇格・昇進制度が無いための実力主義（人間性や品性は無関係の実力主義）
・幹部登用：
　　そもそも優秀な人材の入社は稀なので、経営者の犬になることができれば幹部登用は嘘ではない。
・高額賞与：
　　給与と同様、成績がよければ支給される賞与であり、大幅に搾取された後の利益の再分配。
・充実した教育制度：
　　教育制度と言う名の粛清やパワハラ。
　以上は私の主観的な考えですが、皆さんはどう思われますか。

これらの耳触りの良い文言を真に受けてしまう求職者も多く、実態判明後も不審に思わない「無知従業員」「同類ブラック社員」や、実態判明時は不審に感じても、時間経過とともに染まっていく「生え抜きブラック社員」などが存在します。

このように、ブラック企業にはブラック社員が集まる傾向が多いので退職者数と同等数の入社数を確保できるのです。

5 「働くことに制約のある人」が如何なく能力を発揮できる職場環境の実現

ブラック企業に勤務するブラック社員については自業自得なのでしょうが、ブラック企業に食い物にされる就労的弱者である求職者・従業員、気の弱い従業員などは、ブラック企業に食い物にされ、最悪の場合、自殺やうつ病に罹患してしまいます。

このような方たちを救うためにも、"顧客・社会から必要とされる会社"や"他に代わりが利かない会社"を少しでも増やして、就労的弱者の受け入れを積極的に行っていただきたいものです。

この本の冒頭の「まえがき」にも記載しました

「"働くことに制約のある方"が如何なく能力を発揮できる職場」を実現していただける企業が一社でも増えて頂きたいのです。

"働くことに制約のある方"とは、働く女性はもちろん、子育て中の方、要介護者を抱えた方、持病や障がい抱えた方、勉強しながら働いている方など、働くことに何らかの制限がある方のことです。

この方たちが、就労的弱者に該当するか否かは議論の余地はありますが、働くことに何らかの"制約がある"ということ自体、就労的弱者であると思います。

では、"働くことに制約のある方"が如何なく能力を発揮できる職場環境とはどのようなことなのでしょうか？

もちろん、設備・ハード的な環境も重要ですね。例えば、事務所の

バリアフリー化、託児所の設置などが考えられますが、これらの施策の恩恵を受けられる従業員は全てではありません。バリアフリー化であれば、車いすを利用している従業員や歩行障がいを抱える従業員であり、託児所であれば該当年齢の子供がいる従業員となります。

対して、全ての"働くことに制約のある従業員"が恩恵を受けられることとして、「ムダな労働時間・残業時間の削減」が挙げられます。いわゆる「時短」ですが、この「時短」を実現するために、決して小手先の手段だけを頼らないでください。小手先の手段とは、

・ノー残業デーの設置
・午後6時に強制消灯
・残業の許可制

などです。

この本で何度も説明している「問題には必ず原因がある」からすると、「ムダな労働時間・残業時間の発生にも必ず原因がある」のです。

この原因を特定せずに、小手先の手段を講じたところで、

・ノー残業デーの設置、残業の許可制：
　　仕事を自宅に持ち帰り違法残業
・午後6時に強制消灯：
　　消灯後の暑い事務所の中で隠れて違法残業

の可能性が高くなるのが関の山です。

ムダな労働時間・残業時間の発生原因を特定したうえで、マネジメントシステムに組み込み取り組んでいくことが必要なのです。このことにより、「時短」は実現できるのです。

「働くことに制約のある人」が如何なく能力を発揮できる職場環境を実現した会社こそが、

「社会から必要とされる企業」

であることは疑いの余地はありません。

6 ついてこられない従業員の退職は大歓迎！

　組織として何か新しい取組みを開始しようとする場合、或るプロジェクト以外、必ず反対表明をする勢力が存在します。
　その反対勢力は新しい取組みへの反対理由として様々なことを言ってきますが、要は、
　・既得権が奪われるのではないかとの不安
　・取組む能力の欠如
　・面倒くさい
なのです。
　確かに、ヒトは既に手に入れたモノを手放すことに非常に抵抗しますから、既得権を奪う可能性のあるプロジェクトの始動にはもの凄いエネルギーを費やし反対行動を仕掛けてきます。そのような輩には次の質問をしてみてください。
　Ｑ：この現状で問題ないと思うのか？
　Ａ：問題だとは思う。
　　　↓
　　でも、このプロジェクトに反対であるなら他の代替案を出してください。
　Ａ：問題だとは思わない。
　　　↓
　　なぜ、問題だと思わないのか？
　　（問題であることの根拠を明示する）
　そして、プロジェクトの成功により組織として手に入れられる成果がたくさんあることを説明しましょう。
　プロジェクトに取組む能力が欠如していることが反対の理由と推察できる場合、
　・決して難しくない取組みであることを理解させる

・他にも不安に思っている従業員ばかりであることを理解させる
　この手の理由で反対してくる従業員は、プロジェクトが遂行されることで、自分の能力の欠如がバレることを心配しているのです。ですから、取組が難しくないことと、他の従業員も本音は不安があることを理解させるのです。
　面倒くさいに対処する方法は難しいというか、この手の従業員はブラック社員予備軍ですから、容認するのか無視するのか、今後の影響を考えたうえで決定してください。「面倒くさい従業員」の存在が組織のリスクに該当し、今後、負の影響が容認できないのであれば何らかの対策が必要ですし、容認しても大した影響がないのであれば容認しても良いですが、経過観察は必要です。このように「リスクマネジメント」の観点から判断することも必要です。

　私がコンサルタントとして指導に入る場合は、必ず「プロジェクト型コンサルティング」を実施します。
　「プロジェクト型コンサルティング」とは、
　・成果の到達地点をあらかじめ設定している
　・期限が決まっている
という特徴があります。
　先日も某企業群を経営する社長からマーケティングコンサルの依頼を受けたとき、「長い付き合いになりますからよろしくお願いします」と、仰られたのですが、それに対して私は、「社長、何を仰っているのですか！外部のコンサルタントと長い付き合いをしてはダメです。外部のコンサルタントにいつまでも頼らないで自社で解決できるようにしてください」と思わず強く言ってしまいました。
　社長も少々社交辞令的に仰られたとは思うのですが、外部のコンサルタントを活用する場合は、必ず、成果の到達点と期限を決めておいてください。この二つを予め決めておかないと、ダラダラと契約を更

新することに力を入れ、経営者側もなんとなく断りづらくなりコンサルティング報酬を払い続けることになります。

さて、本項の冒頭で"組織として何か新しい取組みを開始しようとする場合、或るプロジェクト以外、必ず反対表明をする勢力が存在します。"と記載した、反対表明されない"或るプロジェクト"とは、どのようなプロジェクトなのでしょうか。

正しくは、

「表向きには反対表明されないプロジェクト」

です。その表向きには反対されないプロジェクトとは、

「残業時間削減プロジェクト」

です。

政府の主導もあり、長時間労働については是正が急務となっており、かつ、永遠の課題となっています。この"残業時間削減"については、誰もが異議を唱えることのできない正しい活動であることは理解されています。ですから、"表向きには反対表明されない"のです。

しかし、よく考えてみてください。

残業手当を残業時間に応じて適切に支払っている企業に勤務している従業員としては

残業時間削減＝給与の削減

になりますね。

要するに自分の給与を削減されたくない従業員は、「残業時間削減プロジェクト」に反対することが考えられませんか？

実際、私が時短のためのプロジェクトの指導に入る場合、このことも想定して「プロジェクトリスク」として予め対策を施しているくらいです。

残業手当を削減されたくない従業員は、正しい活動であるプロジェクトに対して、表向きに反対表明出来ないため、水面下で様々な妨害活動を企てることがありますので要注意です。

このように残業時間削減のためのプロジェクトへの反対表明の場合、確かに性質は悪いのですが、その従業員の生活のことを考えると同情の余地が全く無い訳ではありません。
　しかし、従業員自身の金銭（給与）が絡まず、「社会から必要とされる企業になるためのプロジェクト」に非協力的な従業員については是非お引き取り頂きたいものです。もちろん、労働者を解雇させることは非常に困難ですが、今後、「社会から必要とされる企業」になるためにさほど重要でない人材であることを認識しておく必要があります。

〇良い組織になるための取組みについてこられない従業員の例
品質マネジメントシステム導入プロジェクト

　最近ではさすがに少なくなりましたが、15年ほど前は品質マネジメントシステムに取組む場合、社内からの反対の声が多数挙がりました。
　その反対の理由が、
・作成する文書量が膨大である
・残業が増える
・組織が混乱する可能性がある

が多く、このような反対理由であれば、反対者の気持ちもわからないではないのですが、次の反対理由も実際よくあったのです。
・自分の担当している作業処理方法を教えたくない
　どういうことでしょうか？
　品質マネジメントシステム導入の目的の一つとして、プロセスや手順を標準化して、誰が担当しても同じ結果が出せるような仕組みを構築することがあります。そのために現状実施している作業手順を明確にする必要があるのですが、自分の業務処理方法を開示することにより、誰でもその業務が処理できてしまうと自分の存在価値が無くなるために教えたくないのです。
　あなたの周りにも同類の方が居ませんか？例えば、自分の作業を囲

第2章 「社会から必要とされる企業」と「存在しなくても良い企業」の違い

い込んでしまって決して他の人には見せない方が。

そもそも、組織に雇用されて労働を提供して賃金を得ているのですから、その組織で身に付けた能力は組織に帰属するものであり、勤務期間中にその組織からの開示要求があれば当然のごとくその要求に応じて開示すべきなのです。もちろん、その従業員が退職後はその能力を持って退職することになり、退職後に作業処理方法の開示を要求できるものではありませんが。

私が遭遇した実在の例として
・食品製造のレシピを開示しない工場長
・作業方法は体に染みついているので教えられないという担当者
・経理処理方法を新入社員に教えようとしない経理担当者
・製造手順を規定した文書ファイルパスワードを開示しない担当者
・ちょっとしたエクセルの操作方法を尋ねても「それは僕のノウハウだから」と教えない担当者（たいしたワザではないのですが）
・自分が退職時に製造関係の手順書をすべて廃棄した担当者

などなど。もう、呆れるのを通り越して笑ってしまいますね。

ただ、前述の"食品製造のレシピ"も"製造手順を規定した文書ファイル"も"製造関係の手順書"全て、組織の資産なのです。その資産を廃棄し、隠ぺいすることはれっきとした犯罪でしょう。

このように作業処理方法を囲い込み開示しようとしない従業員に対して、組織は強い姿勢を持って臨まなくてはなりません。そこで、品性の無い従業員の場合は、「自分が退職すれば組織が困るだろう」とさらに殻に閉じこもる方も居るのですが、退職したいのであればすればよいのです。

組織として退職されては困る従業員でも、実際退職された場合、99％は何とかなるものです。

このように「良い組織になるための取組み」についてこられない従業員の退職は大歓迎でしょう。

○良い組織になるための取組みについてこられない従業員の例
人事制度の構築プロジェクト

　私のコンサルティングメニューの一つに人事制度の構築があります。
　以前は、人事制度と言えば、師匠と尊敬する先生から教えていただいた手法の人事制度しか指導できなかったのですが、約20年前からマネジメントシステム審査を開始して、様々な組織の様々な人事制度を目の当たりにしてきて、かつ、自分自身も様々な組織に対して人事制度指導を行い、試行錯誤した結果、

　　　「その組織に合ったどのような人事制度でも構築できる」

と自信が持てるようになりました。
　その一つが「プロセス人事制度」であり、私の中では「最強人事制度」の位置づけであり、概略については第4章で触れることにしますが、もう少し詳しいことは拙著である「『プロセスリストラ』を活用した真の残業削減・生産性向上・人材育成実践の手法」(2014年5月：日本法令発行)をご覧いただければと思います。
　その人事制度構築プロジェクトですが、実は私のコンサルティングメニューの中で一番、嫌いなのです。なぜ、嫌いなのかと言うと

　　　　「従業員から猜疑心の眼差しが矢のように飛んでくる」

からです。
　まず、プロジェクトの1回目や最初の説明会の場……、要するに従業員やプロジェクトメンバーと最初に顔合わせする場では、

　　　　「仕事が増えるのではないか」
　　　　「降格させられるのではないか」
　　　　「給料が下げられるのではないか」

と、「何しに来たんだ」「今のままでいいのに」「人事制度コンサルタントなんて胡散臭い職業だ」との呟きが聞こえてきそうな眼差しが飛んでくるのです。

最近ではこのような状況・眼差しもある意味、楽しませてもらっていますが、15年位前までは"針の筵（むしろ）"に座らされているようで非常に居心地が悪かったことを覚えています。

また、コンサルタントにとって、期限を決めて成果を出すことが重要であると思っていますが、人事制度導入については成果として100点があり得ないのです。要するに50人従業員が居た場合、導入した人事制度に満足して頂けるのは40人ほどです。

しかし、それは仕方のないことであり、新しい人事制度の下では、評価や格付けが下がる従業員も居るからです。人事制度導入ではコンサルティングの点数を付けると70点取れれば良い方なのです。このことからも私のコンサルティングメニューの中で一番、嫌いなのが人事制度構築プロジェクトなのです。

ただ、人事制度構築は非常にやりがいがあり、人事制度を新規に構築したり、改訂しようとする組織は前向きな組織であり、そのような組織の改善のため……別の見方をすると「社会から必要とされる組織になるための一つの取組み」をサポートさせて頂けることは非常に光栄であるということです。

○良い組織になるための取組みについてこられない従業員の例
時短プロジェクト

時短への取組みについては、誰もが認める正しい活動なので表立っての反対者が居ない代わりに、水面下での妨害活動が行われることは前述した通りですが、時短への取組みに"ついてこられない"というか自主的に退職してしまう従業員が居ます。

退職してしまう従業員とは、残業時間が削減されて支給される給与が削減されることを前提に水面下で妨害活動などせず、ある意味潔く会社を去っていく従業員のことです。

私が時短プロジェクトの指導をする場合、最初に従業員に対して

「アンケート」を実施します。その「アンケート」では、様々な質問をぶつけ、従業員からの本音を引き出せるように工夫してあるのですが、長時間労働の職場では25％から50％ほどの割合で、

残業が減るのは良いがこれ以上給与が減るのは困る

という意見が出されます。

そこで、経営者はビックリしてしまい、時短への取組みを中止する場合もあるほどです。「この人手不足時における退職者は困る」と。

また、このような従業員は会社にとってエース的存在である場合が多いので尚更です。どのように"エース的存在"というと、突発的に発生した業務であろうと、長時間労働であろうと積極的にこなしてくれる会社にとっては非常にありがたい存在なのです。そのような"エース的存在"従業員の退職は非常に困るのです。

でも、よく考えてみてください。会社にとって長時間労働の実態は会社の存続自体が危ぶまれる危機的な状態なのです。その"危機的な状態"を脱する施策である時短への取組みを取りやめることは、会社存続のチャンスを放棄することなのです。

私も経営者から時短プロジェクトの指導を依頼された場合、次のように伝え、経営者自身の固い決心を促します。

　　「今回の時短への取組みは、残業の許可制などの小手先の
　　　対策ではなく、長時間労働の原因追究を元にマネジメント
　　　システムとして根本的に時短を実現する取組みですから、
　　　多少の出血を伴います。その"出血"には、既存従業員の
　　　退職の可能性がありますが、そこで経営者は気持ちを強く
　　　持って対応してください」

と。

実際、昨年から時短への取組みを開始した組織（250人規模）では、「アンケート」を実施した際、40％ほどの従業員が"時短によりこれ以上給与が下がるのは困ります"という趣旨のことを記載してきまし

た。それに対して、私は、実際、退職に至る従業員は２，３名だと思いますと伝えました。社長も時短への取組みで、退職者が十数名出たとしても、今時短に取り組まなくては会社存続の意味が無く、不退転の決意をしているので大丈夫とのことでした。

　時短への取り組みを開始して蓋を開けてみると、時短活動開始半年後に時短による給与削減の影響で１名の退職がありました。また、その三か月後にもう１名、時短を理由にした退職者が出ましたが、どうもこの従業員の退職理由は時短ではないことが、同僚や上司からの情報で判明しました。

　誰しも、給与が削減されることに対して、歓迎する従業員など存在しないでしょう。ですから、時短活動に先立って実施する「アンケート」に、"給与が減るのは困る"と記入します（注：「アンケート」は実名で単に選択式で選ばせるだけではなく基本的に自由記入欄に記載していただく内容）。

　しかし、給与が減らされては困ると同時に、長時間労働も負担に感じているので実際、時短の実現は歓迎されるのです。

　ですから、給与は削減されたが、同時に労働時間が削減され、子供と触れ合う時間や趣味に費やせる時間が増えたことに満足し、結果、「アンケート」では、"残業が減るのは良いがこれ以上給与が減るのは困る"と記載したにもかかわらず、実際の退職に及ぶ従業員はごく僅かなのです。

　また、別の企業（トラック運送業者）では、時短への取組みにより交通事故が半減した実例があります。それも全ての営業所で削減されたのです。通常、トラック運送業者の時短は困難と言われていますが、まだまだ時短の余地はあるのです。

　確かにマーケティングの考え方として「既に得たものを失いたくない欲求」の方が「新しいモノを得る欲求」より高いことは事実です。

ただ、時短活動により、"新しく得ることが出来る時間"を既に得てしまった場合は、その二つの欲求に差が無くなるのです。

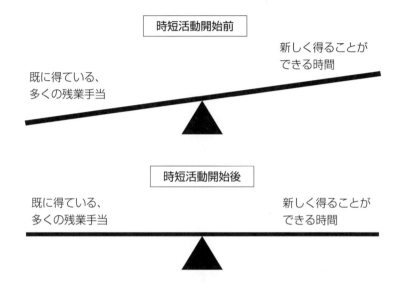

　要するに、時短活動実施に当たり、時短の成果を出してさえしまえば、従業員の退職は防ぐことが出来ることを指しており、このことは時短活動に限らず、様々な取組み・プロジェクトの共通事項と思われます。

　「社会から必要とされる企業」になるための取組み、ついてこられないヒトの退職はむしろ大歓迎ですが、中には退職してほしくない従業員が含まれている可能性があり、その場合は初期の段階で情報を与えたり、成果の内容を理解させることが有益です。

7 人手不足の原因を取り除くには社長の不退転の決意が必要!

　今まで前述してきたとおり、私はマネジメントシステムをベースとした「時短指導」「交通事故削減指導」も実施していますが、実はこの二つの大きな共通点として

第2章 「社会から必要とされる企業」と「存在しなくても良い企業」の違い

社長が本気になれば半分以上成功したようなもの

があります。

第1章の12項で"人手不足の原因は、社長あなたです"について説明しました。そして、

・会社で起きている全てのことは社長の責任
・会社で起きている問題を解決できるのも社長

と記載しました。

今まで本当に数多くの経営者と会いましたが、そのすべての経営者が素晴らしかったわけではありません。以下、記載することは私の主観的な考えも含まれていることをご理解のうえ読み進めて頂きたいと思います。

〇創業社長は素晴らしい方も居るが、問題社長もたくさん居る

創業社長は一代で組織を築きあげた経営者として尊敬すべき方なのですが、あくまで"経営者として"と強く注釈を付けたくなる社長が存在します。

殆どの場合「創業社長＝大株主」であり、オーナー社長ということです。そこで絶大なる権力を持ち、部下や周りの人の言うことを訊かない方が居るのです。まさに「裸の王様」ですね。

そうかと思うと、世間で「先生」と呼ばれている職業の耳障りの良い台詞に乗っかりムダな活動を実施するなど可愛い？一面もあります。

問題社長の振る舞いについては、既にこの本で書いてきましたが、序章の8項で説明した、大手企業から中小企業への出向者の方の呟きとして"中小企業の経営者は社員の指先や会社のクリップひとつまで自分の所有物だと思っている人が多い"について、正に同感であり、従業員の個人的な事情やプライバシーまでも社長の所有物のような振る舞いを見かけることがあります。いったい何を考えているのでしょうか。

以上のような問題社長が絶大なる権力を振っている企業が「人手不足」に陥った場合、その改善は非常に難しいのが実情です。理由はカンタン。社長を変えることはできないからです。ただ、面白いのですがそのような横暴社長の企業でも非常に優秀な番頭さんの存在により何とか組織がうまくいっている場合があります。その場合横暴社長は番頭さんへの感謝を怠らないことです。

○比較的多い、クリーン二代目・三代目社長
　確かにどうにもならない二代目社長（まだ社長になっておらず、結局、社長になれなかったので「二代目社長候補」を含めます）の存在も数多くみてきましたが、比較的多いのがクリーンな考えを持ち優秀な二代目・三代目社長です。
　二代目・三代目社長は先代の背中を視て来ており、その経営方法についても疑問を持っている方が多いので、能力が高く、えげつない振る舞いをしない方が多い気がします。
　このような社長の元では「人手不足」に陥ったとしても改善は可能なのです。特に、創業社長から引き継いで５年以内がチャンスだと思います。
　本項の冒頭に時短も交通事故削減も"社長が本気になれば半分以上成功したようなもの"と記載しましたが、本当のところは
　　まともな社長が本気になれば半分以上成功したようなもの
ということです。
　この"まとも"の判断は人それぞれかもしれませんが、殆どの方は判断できるのではないでしょうか。

　社長が本気になるということは、不退転の決意で臨むことですね。
　ただ、ここで誤解して頂きたくないことは<u>社長自らがプロジェクトに参加して先頭に立ち活動する必要はない</u>ということです。

社長にお願いしたいことは、次のことです。
①プロジェクトメンバーの選出・任命
②プロジェクトリーダー、サブリーダー、事務担当者の任命
③社内におけるプロジェクト稼働宣言（不退転の決意表明）
④プロジェクトの全面的なバックアップ
⑤プロジェクトのPDCA運用サポート
では、一つひとつ詳しく視てみましょう。

①プロジェクトメンバーの選出・任命について

　人手不足解消を目的としたプロジェクトは今後の自社の存続を左右する重要なプロジェクトです。ですから、次世代を担うメンバーを中心に、現時点である程度の権力を保有している管理職も含めてください。また、年齢層・入社年次は様々な階層から選出してください。

　決して、一般の従業員から「上層部で勝手にやっているプロジェクト」との印象を持たれないメンバーの選出が必要です。

②プロジェクトリーダー、サブリーダー、事務担当者の任命

　プロジェクトリーダーはメンバーの中である程度の権力を保有している管理職を任命することが一般的ですが、他の考え方として、

　　・次世代を担うリーダー
　　・次期社長予定の二世、三世従業員

"次世代を担うリーダー"とは、10年から20年後位には役員に就任していそうな期待の従業員のことです。

"次期社長予定の二世、三世従業員"とは、説明の必要はないと思いますが、サブリーダーに任命する理由は、「重要なプロジェクトで成功実績を造らせる」ということです。

　一般の従業員から視ると、「社長の子供や親せきというだけで次期社長になれるのは良いなぁ」と、社長の苦労も知らずに思われることが多いのですが、この"社長の子供や親せきというだけで"に対する施策なのです。

当プロジェクトは自社の存続を左右する重要なプロジェクトですから、そのプロジェクトを成功させたという実績は非常に大きなことです。そう考えると、"次期社長予定の二世、三世従業員"の場合、サブリーダーではなくリーダーを任せることも検討の余地ありです。
　ただ注意して頂きたいことは、中途半端な成功体験では、逆効果になる可能性があります。要するに、一般の従業員から「あんなプロジェクトであれば俺だって成功させられるよ」と思われては元も子も在りません（実際は難しいのですが、勝手なことをのたまう人の口にチャックは出来ませんので）。

③社内におけるプロジェクト稼働宣言（不退転の決意表明）

　プロジェクトの稼働宣言はセレモニーとして全社員に対して社長自らの言葉で行ってください。その際、「絶対に後に引けない取組みであること」とプロジェクトに対して全面的にバックアップすることも強く伝えると同時に、プロジェクト活動の責任は全て社長に有ることも伝えてください。
　このセレモニーでのポイントは、従業員から視て

　　　　　　　　　　「社長は本気だな」

と思われることです。
　会社にもよりますが、従業員は社長の気まぐれにホトホトいや気がさしている場合があります。なぜなら、今までに社長の気まぐれで開始した取り組みやプロジェクトでとん挫した場合や、最後までやり遂げたにしても成果が出なかった場合を沢山見てきているからです。
　ですから、中途半端なプロジェクト稼働宣言では、

　　　　　　　「あーまたか。社長のいつものアレね」

と思われてしまうのです。
　では、従業員に社長の本気度を伝えるにはどうしたらよいのでしょうか。それは、

　・社内で良いからセレモニーとして宣言する

（朝礼でも終礼でも、日常業務と分離して宣言する）
・取引先や購買先にも出席要請する
・取り組み開始の宣言などの文書を作成し社内掲示する
・社内報や自社ホームページに掲載する
・取引先や購買先に同取り組み開始の文書を郵送（FAX）する
・業界紙への掲載

などです。特に取引先や購買先へのPRすることにより、従業員が取引先や購買先と接触した際、話題になることが多いので組織内でプロジェクト活動の雰囲気を盛り上げ、不退転を認識するために好都合なのです。

もう一つ非常に大切なこと。それは、活動の中心はプロジェクトチームですが、**活動自体は全社を挙げて活動すること**を強く宣言してください。

正にこの"社内におけるプロジェクト稼働宣言（不退転の決意表明）"で有言実行の第一歩としてください。

④プロジェクトの全面的なバックアップ

プロジェクトの稼働が始まると、様々な問題にぶつかります。また、思うように成果が出せない時期もあります。そうなりますと、プロジェクトチーム自体に停滞感が出始め、その空気が組織内に流れだし、プロジェクトメンバー以外の従業員から、プロジェクトに対する非難や不満が出始めます。

従業員の本音として、面倒くさいことには関わり合いたくないのでプロジェクトメンバーに選出されなかったことに安どしている反面、「私は会社から認められていないのでは？」との不安がある場合も考えられ、その場合、プロジェクトが上手くいかなくなると、待ってました！とばかりにプロジェクトチームに対する非難を発するようになるのです。本音としては「私をプロジェクトメンバーに選ばなかったから」とばかりに。

このような事態になったとき、一番してはいけないというか、社長失格な振る舞いは、プロジェクトメンバー以外の従業員と一緒になってプロジェクトチームを責めることです。
　そもそもプロジェクト稼働宣言に於いて"プロジェクト活動の責任は全て社長に有ること"を宣言しておきながらプロジェクトチームを責めるとはまさに社長失格です。
　プロジェクトが上手くいかないときこそ、全面的にバックアップする必要があるのです。そのための社長の台詞は、
　　「ナニがあっても全面的にバックアップするので心配なく。ただ、上手くいっていない原因を徹底追及して対策を施してください」
で十分なのです。
　そうはいってもそれだけでは不安な場合がありますね。
　⑤プロジェクトのPDCA運用サポート
　本項では"社長自らがプロジェクトに参加して先頭に立ち活動する必要はない"と記載しましたが、プロジェクトを全面的にバックアップし、責任を持つことを宣言した立場として、理解しておいて頂きたいこととして
　　　　マネジメントシステム：PDCAの知識
があります。
　この本では、PDCAについて序章の5項で簡単に説明していますが、もう少し詳しくお知りになりたい場合は、私の過去4冊の拙著（この本の出版当時）をご覧いただくか、Web上にも解り易い説明が掲載されていますので参考にしてください。
　このプロジェクトはもちろん、組織内のほぼすべてのことはPDCAで廻していきますので、経営者にとってPDCAの知識は必須であることをお伝えしておきます。また、PDCAとセットで理解して頂きたい知識として「プロセス管理」がありますが、ここでは割愛させて頂きます。

社長としては当プロジェクトの PDCA が適切に回っているのかの報告を受けて、廻っていない場合はサポートしてあげてください。

PDCA については、プロジェクトメンバーの方が社長より詳しい場合もありますが、社長とプロジェクトメンバーの PDCA の知恵比べをしてくださいと言うことではなく、プロジェクトの PDCA を廻していく中で経営判断を必要とする場合が出てくるからです。

プロジェクトチームとしては、「この場面では経営判断が必要」と認識していない場合が多いのですが、プロジェクトの停滞時期に活動内容を確認すると、たった一つの経営判断で片付いてしまう場合があるのです。その観点からも社長による"プロジェクトの PDCA 運用サポート"をお願いします。

8 プロジェクト成功のために

この項目は本章と直接は関係ないのかもしれませんが、前項からの流れにより本章で説明します。

私自身、数えきれないプロジェクトの指導と、プロジェクトに対する検証活動を担当させて頂きましたが、「成功するプロジェクト」と「失敗するプロジェクト（若しくは途中でとん挫するプロジェクト）」の理由を見出すことが出来ました。

以下、プロジェクトが成功するための要件を列挙します。

①まず現状把握
②プロジェクト運営に必要な知識を予め身に付けておく
③到達点を決めておく
④「出来ない」と言わない・「忙しい」を理由にしない
⑤プロジェクトは全社挙げて実施することと、絶対に誰か一人に押し付けない
⑥未熟な専門家に頼らない
⑦身近にエキスパートを確保する

⑧仕組みの運用のための「マニュアル」を作成する

では、一つひとつ説明しましょう。

①まず現状把握

プロジェクトの成果を急ぐあまり、とにかく対策を洗い出して実施していこうという組織が散見されますが、問題には原因があるので、その原因を炙り出すためにも、現状把握を行ってください。この現状把握が今後のプロジェクトの成否に大きくかかわってくるのです。

②プロジェクト運営に必要な知識を予め身に付けておく

第1章の3項の"〇人材の徹底活用"では、"該当人材に会社が要求すべき能力のハードル"を設定することを説明しましたが、同様の考え方で、プロジェクトメンバーとしてプロジェクトを遂行するうえで必要な力量を明確にする必要があるでしょう。そして、その力量を明確にしたら、事前教育なり、書籍を読ませるなどが必要となります。

プロジェクトが上手くいかない原因の一つとして、「チームで活動するので自分一人くらい知識不足でついていけなくても問題ないのでは？」という甘い考えがあります。

プロジェクトチームのメンバーにしても、会社としての組織活動の一従業員としても「自分一人くらい」という考えは厳禁です。たった一人が原因ですべてが台無しになることを理解してください。

③到達点を決めておく

到達点とは通常、ゴールを指します。いつまでに何を達成するということですね。もし可能であれば、段階ごとの到達点を決めておくとさらに良いでしょう。

④「出来ない」と言わない・「忙しい」を理由にしない

何かを達成するための理由の発言は決して多くないのですが、何かをやらないための理由の発言には天才的な能力を発揮する従業員が居ます。そもそも、そのような従業員をプロジェクトメンバーに入れたくはないのですが、種々の理由で致し方なくメンバー入りしてしまう

場合があります。

　出来ない言い訳は山ほど出てくると思いますが、「忙しい」を理由に「出来ない」と言うことは厳禁としてください。

　誰でも忙しいのです。誰だって、目先のことが重要なのです。一度「忙しいから出来ません」を許してしまうと、その後収拾がつかなくなりますので。

　⑤プロジェクトは全社挙げて実施することと、絶対に誰か一人に押し付けない

　プロジェクトは全員で遂行します。この"全員"とは、従業員全員です。もちろん、プロジェクト活動として定期的に集まるのはプロジェクトチームであり、そのメンバーですが、社長の宣言のとおり全社を挙げて活動してください。

　そして、プロジェクト活動自体を誰か一人（場合によっては二人、三人）に押し付けないでください。

　15年ほど前マネジメントシステム審査に伺うと、プロジェクトリーダーである管理責任者が

　　・急に退職した
　　・胃潰瘍で入院した
　　・円形脱毛症に罹った

という笑えない事実に遭遇したことがあります。

　これらの共通点は、プロジェクト業務の殆どをリーダーである管理責任者に押し付けたことが原因でした。

　お恥ずかしい話、私の指導先でも、次期社長である社長のご子息をプロジェクトリーダーとして活動させた結果、"審査直前に失踪"して、活動自体が中止に追い込まれたことがあります。ただこの件は、外部審査受審のプレッシャーに耐えかねた結果でしたが。

　とにかく、プロジェクトリーダーにすべて押し付けないでください。プロジェクトリーダーは自ら作業はしないで、オペレーターに徹す

ることが必要です。「○○さん、この文書を作成しておいてください」「□□さん、このデータを調べておいてください」と。

⑥未熟な専門家に頼らない

第2章の2項では、"一般的にコンサルタントや士業の方は業務の依頼を断らない傾向にあるようです"と説明しましたが、断っていただいた方がはるかに組織のためになることがあるのです。それは、業務を依頼したコンサルタントや士業がその専門家ではない場合です。

・本で読んだ知識を持っている
・過去に少し携わった経験がある

程度では専門家とは到底言えません。ヒドイ場合には、依頼が有って受託してから勉強するという猛者も居ます。

あなたは、"専門家"はどのように知識を身に付けると思いますか？
この答には「プロセス」の考え方が参考になります。

そもそも、「マネジメントシステム：PDCA」とはプロセス管理の仕組みですから、丁度良い機会ですので、「プロセス」にも触れておきましょう。

「プロセス」とは、通常、手順、しごと、過程などと理解されていると思いますが、全て間違いではありません。しかし、マネジメントシステムでは、次のように理解してください。

　　　「プロセスとはインプットをアウトプットに変えること」

例えば、チャーハン製造プロセスの場合、

第2章 「社会から必要とされる企業」と「存在しなくても良い企業」の違い

となります。

では、コンサルタントや士業が企業に指導することをアウトプットする場合のインプット（知識獲得、指導するための仕入れ）はどうなるのでしょうか？　私の場合で考えてみましょう。

コンサルタントの仕入れ

インプット：今までの指導・コンサル経験、審査・監査経験、書籍、インターネット

コンサルタントの知識、指導方法修得プロセス

アウトプット：
　企業への指導、コンサル

例えば、専門家と位置付けるコンサルタントや士業の方の知識や指導方法修得のネタであるインプットが、書籍やインターネットだけでは非常に心許ないですよね。

私自身もまだまだ経験が足りないことがたくさんありますので書籍やネットだけの知識だけではなく、審査・監査経験や専門家としての指導経験を元に習得に励んでいきたいと思います。

身近であっても知識不足の専門家を頼ることは、反ってプロジェクトの進行を遅らせたり、間違った方向に行く可能性があるので十分に気を付けてください。それを防ぐために自分たちだけで頑張ってみることも一つの方法です。このように自社の力で取り組むことは必ず組織の財産になりますから。

⑦身近にエキスパートを確保する

未熟な専門家に頼ることは問題ですが、身近にエキスパートや専門家を確保しておきたいものです。これは外部のコンサルタントもそうですが、同業者等で見つけられるかもしれませんし、一番良いのは社内でエキスパートを確保することです。

第2章の6項では、私が新規受託した企業の社長に"「外部のコンサルタントと長い付き合いをしてはダメです。外部のコンサルタントにいつまでも頼らないで自社で解決できるようにしてください」"と伝えたことを記載しましたが、このことは、いつまでも外部に解決策を求めるのではなく、内部で解決できる体制を整えるように促したのです。
　とはいえ、一朝一夕に社内エキスパートの育成は出来ませんので、真に能力のあるエキスパートを身近に確保しておきたいものです。

⑧仕組みの運用のための「マニュアル」を作成する

　プロジェクトは期限を決めて実施しますが、構築された仕組みは継続して運用していくことになります。その、継続して運用していくための「マニュアル」を作成する必要があるのです。
　実は、この「マニュアル」や「手順書」の作成。
　苦手な人が本当に多いのです。
　士業はもちろんですが、コンサルタントの方でも苦手な方が結構居ます。その点、製造業に精通しているコンサルタントは「マニュアル」作りが苦にならない傾向のようです。
　「マニュアル」や「手順書」は自社で作成することが前提ですが、非製造業者の場合、少々作成に苦慮されると思います。
　もう一つ、可能であれば「マニュアル運用のためのマニュアル」を作成できると仕組みの運用が非常にやり易いのですが、通常の「マニュアル」の作成だけでも大変なのに、「マニュアル運用のためのマニュアル」となるともうお手上げという組織もあるでしょう。
　そのような場合は、「マニュアル」以外に、日常、週次、月次で実施することを一覧表にした「やるべきことスケジュール表」を作成されることをお勧めします。これにより実施事項の抜けが無くなるでしょう。
　これらの文書は、一度作成してしまえば、長期間使えますし、改訂

第2章 「社会から必要とされる企業」と「存在しなくても良い企業」の違い

も可能ですから、是非作成してみてください。

第3章

人材確保のために、自社の「売りモノ」を徹底的に磨く

1 自社の「品質」はナニなのか？

あなたの会社はナニを売っているのですか？

私自身、今まで様々な企業に対してマネジメントシステムの審査・監査活動を実施させて頂きました。

20年近く前に審査・監査業務を始めて50回までは数えていたのですが、そのうち判らなくなったため、現在では800回を超えたのでは？が正直な思いなのです。この800回を超える審査・監査活動をインプットにコンサルタントとしてアウトプットできるのですから幸せな話です。

さて、マネジメントシステムの審査・監査の際、必ず経営者に対するインタビューがあるのですが、その際、必ずする質問として、

御社の品質は何ですか？

です。

感の良い経営者であれば、即答頂けるのですが、半数以上の経営者には意味が通じず、次の質問方法に変えます。

御社は何を提供してお客様からお金を頂戴しているのですか？

この質問の場合、さすがに質問の趣旨をご理解いただき、それぞれの回答を頂きます。その回答例をいくつか挙げてみましょう。

・食品製造業：安心して食べられる食品、美味しい食品
・家電部品製造業：不良の無い部品、納期厳守、コスト削減
・貨物運送業：事故の無いこと、遅配の無いこと、誤配の無いこと

・ホテル・宿泊業：快適に過ごせる部屋、美味しい食事
　　・建設業：仕様書・施工計画書通りの施工、工期厳守、
　　　　　　　施工不良が無いこと、労災事故の無いこと
などでしょうか。もちろんこれらは一例であり、組織の状況により異なります。
　因みに「品質マネジメントシステム」とは、これらの"品質"を実現するための仕組みなのです。例えば、貨物運送業であれば、
　　・事故を防ぐためにどのような仕組みを構築し運用するのか
　　・遅配を防ぐためにどのような運行計画を策定し、どのような仕組みを構築して運用するのか
　　・誤配を防ぐためにどのような設備を導入し、そのような仕組みを構築して運用するのか
となります。そしてこれらの仕組みについて、国際基準に照らし合わせて私のような審査員が審査するのです。

　この本をお読みのあなたの組織は「品質」を明確に出来ますか？
　明確にできないと困るのですが。
　そして、その「品質」を実現するための仕組みはありますか？
　行き当たりばったり、思いつきで日々の業務を処理していませんか？"行き当たりばったり""思いつき"というと聞こえは悪いのですが、過去の経験を活かし身体に染みついた感覚で作業していく職人仕事も同じようなものです。私は何も"職人仕事"が悪いと言っているのではなく、職人仕事のように属人的な作業の処理方法ではなく、作業の処理方法を仕組み化して浸透させることにより
　　・標準化
　　・多能工化
が実現でき、製品やサービスの質が一定の基準で安定し、専属担当者以外でも作業にあたることが出来るのです。

では、再度、質問します。
「品質」を実現するための仕組みはありますか？

製造業では比較的、この仕組みが存在していますが、非製造業ではなかなか存在していないのが実態のようです。

自他ともに認める、「良い組織」となり、「社会から必要とされる会社」になるためには、自社の「品質」が何であるのか細かく洗い出す必要があります。この洗出しは、とかく自己満足的になってしまいますので、マーケティング感覚を身に付け、顧客から要求される「品質」を顧客目線で洗い出さなくてはなりません。

今まで「自社の品質はナニか？」なんて、改めて考えたことの無かった経営者もいるでしょうし、当然のように理解している経営者もいると思います。ただ、自社の品質を理解しているだけでは不十分であり、その先にどのように展開していくのかを検討しなくてはなりません。そのことが、「社会から必要とされる会社」になるために必要であり、「人手不足」からの脱却に必要なことだからです。

この「自社の品質はナニか？」と言う質問では、ピンとこない読者もいらっしゃるかもしれません。その理由として、専門部署要員として専門的な業務のみを遂行している場合は、部署における専門業種を深掘りした業務に従事しているため、"自社"と言われてもピンと来ないのです。そのような場合は、"自社"を
・自分の部署の品質はナニですか？
・自分の仕事の品質はナニですか？

に置き換えてみると良いでしょう。

例えば、経理部の品質とは、
・一連の経費処理に間違いの無いこと
・一連の支払い事務に間違いのないこと
・一連の請求事務、入金確認に間違いのないこと

・税理士とのやり取りがスムーズであること
　・税務調査の際、スムーズに対応できること
　・過去会計だけではなく、今後の数字予測が出来ること
などでしょうか。
　また、あなたのメインの仕事が給与計算事務の場合の品質とは、
　・タイムカードの集計に間違いのないこと
　・入力数字に間違いの無いこと
　・給与明細の封筒への入れ間違いが無いこと
　・源泉徴収事務に間違いの無いこと
　・有給休暇残日数管理が適切であること
　・定額残業代の場合の給与明細への表記方法が適切であること
などが考えられます。

　以上、「自社の品質はナニか？」の質問にピンと来ない場合は、"自社"を"自分の部署"や"自分の仕事"という文言に置き換えてみてください。また、品質管理では「次工程はお客様」という概念があります。この考えに基づくと、自分の処理している業務は、次はだれが担当するのだろうかを考えて、次の担当者は「お客様＝社内顧客」ということになります。このように常に次のことを念頭に作業を処理していくことも"「売りモノ」磨き"であり、「社会から必要とされる企業」になるためのプロセスと言えるでしょう。

○「顧客自己満足企業」、「上辺だけの顧客満足企業」

　世の中には、「顧客自己満足企業」や「上辺だけの顧客満足企業」があります。
　「顧客自己満足企業」とは、ここまでお客様に尽くしているし、ここまでのサービスを提供しているので、お客様にご満足頂いていると思い込んでいる企業のことです。
　これらの企業は「尽くしている内容」「提供しているサービス」の

第3章 人材確保のために、自社の「売りモノ」を徹底的に磨く

方向性がズレているのです。そのような会社に限って、第２章の７項で説明した創業社長によく見られる、他からの意見に耳を傾けない"裸の王様社長"が多いのです。

　一番の被害者は、その間違った方向性のサービス実施を強要されている従業員ですね。ヒトという生き物は不思議な生き物であり、最初は違和感を覚えたことでも、習慣化してくると何も違和感を覚えないで当然のごとく自分もその行動をしてしまうのです。そして、場合によって、「こりゃヒドイサービスだな。こんなことやって意味あるのだろうか？」と５年前は思っていても現在では率先して実施してしまうのです。これは実施しているサービスの本質を理解し、「これは良いサービスだ。実施すべきだ」と理解したのではなく、単に習慣化しただけであり、洗脳とも言います。そして、このような人材が独立して起業すると同じ状況の「顧客自己満足企業」が誕生するのです。

　因みに、この馬鹿げたサービス実施が習慣化しないまともな従業員は、働くための強い「ニーズ」が無ければ退職の道を選ぶのですから、「顧客自己満足企業」であることが「人手不足」の原因と一つと言えるでしょう。

　「顧客自己満足企業」にとっての不幸は、たまにその間違った方向や過剰のサービス・製品に対してお褒めを頂くことがあると、もう軌道修正が利かない状態です。

　他大多数の顧客からは評価されていないし、嘲笑されているかもしれません。あなたも「この会社、なんでこんなサービスや製品を提供しているんだろう」と理解できないことがあると思います。これらの会社の経営者は、一番の利害関係者である従業員から広く意見を聞くべきです。「このサービスは、本当に必要だと思いますか？」と。

　そして、あなたの会社の従業員が家族や友人に「ウチの会社、こんなサービスしているんだけど、お客を理解していないよね。もう笑っ

ちゃう」なんて、話していることを想定してみてください。
　もう一つ「顧客自己満足」について厳しい指摘を。
その顧客自己満足の行動は
自分が気持ちよいから実施しているのではないでしょうか？
　このことは、相手のことを想い実施しているのではなく、自分たちがやっていて（社長が従業員にやらせて）気持ち良いから実施しているだけなのではないでしょうか？
　もしそうだとすると、真の意味で"自己満足"ですね。

　今一度、第2章の1項で説明した、質問の
あなたの会社の従業員は、あなたの会社の製品を買いますか？
をよく考えてみてください。

　もう一つの「上辺だけの顧客満足企業」にもお目にかかります。
　この手の会社の特徴は、
当社はここまでお客様を大切にしております。
と言わんばかりのPRをしているのですが、実際はこれ以上空気を入れたら割れてしまう風船やこれ以上水を注いだらあふれてしまうコップのごとく、緊張感が漂ってくる会社です。もう少し具体的に説明すると、顧客とのコミュニケーション文書などで当然のごとく「顧客第一主義」をうたっているのですが、もしクレームを付けようものならスゴイ反撃に合いそうな緊迫感を感じる会社のことです（正当な反撃なら良いのですが、そうではなく）。正に何か文句を言ったらとびかかってきそうなイメージです。
　ただ、このような会社は、自社ではあまり意識していないようで、決して悪気が無い場合が多いのですが、内情はヒドイ状態でも、表面上は優良企業を装っている「上辺だけの顧客満足企業」は問題です。
　あなたの周りにもないでしょうか？

- 表面上は顧客第一主義を掲げながら内情は正反対の会社
- クリーンなイメージの企業で顧客満足が高そうでも劣悪な労働環境の会社
- 高い次元での顧客満足の実現と引き換えに従業員がヒドイ目に合っている

　これらの会社は「人手不足」の状態が殆どですが、中にはそこそこの規模の場合、企業イメージが勝って採用に困らない場合もあります。ただ、その場合でもこのような会社は退職者を大量に社会に放出しますので、その退職者の口には戸が立てられずに、内情に尾ひれ背ひれが付き社会に漏れていくのです。

　以上、「人手不足」解消のために、自社の「売りモノ」を徹底的に磨くためには、自社の「品質」を顧客の立場に立ち明確にする必要があり、まちがっても「顧客自己満足企業」「上辺だけの顧客満足企業」になってはいけません。

2 職人的な考えでは「人手不足」は解消できない

　職人の世界では通常「教育・訓練」という概念は無く、
仕事は見て覚えろ、盗め！
と言う考えがあります。

　この考え方は、「仕事は体で覚えろ。体に染みついたことは忘れないので、一生使える技術になる」という考え方なのでしょう。

　この考えを否定するつもりはありませんが、別の見方をすると
私は弟子の教育をする能力を持っていないので勝手に覚えろ
ということではないでしょうか。

　また、前項で"職人仕事のように属人的な作業の処理方法ではなく、作業の処理方法を仕組み化して浸透させることにより、標準化、多能工化が実現でき、製品やサービスの質が一定の基準で安定し、専属担当者以外でも作業にあたることが出来るのです。"と説明しましたが、

職人の立場に立つと自分以外に作業できる人が増えると困るので、弟子への教育制度という概念が無いのでしょう。私から言わせれば教育ができないのであれば"弟子"とは言えないと思うのですが。

　第2章の6項"ついてこられない従業員の退職は大歓迎！"の"○良い組織になるための取組みについてこられない従業員の例：品質マネジメントシステム導入プロジェクト"で、"自分の担当している作業処理方法を教えたくない"従業員の存在を説明しましたが、職人気質の一部にこのような考え方が存在していると思うのです。

　この考え方を全面的に否定はしません。ただ、一子相伝や個人事業として技術を磨いている職人の場合は構いませんが、組織に属している職人の場合はこのような考えは捨てて頂きたいのです。

　実際、経営コンサルタントも職人みたいなもので、自分のノウハウや情報を外部に開示したくない方が殆どです。私の個人的な考えかもしれませんが、情報を隠すことはできないのでどんどん開示したうえで、マーケットを活性化したほうが自分自身のメリットも大きいと思うのです。そして、その自分の情報がしっかりした理論に基づいた情報やノウハウであれば、その業界の第一人者になれるのです。

　自分の業務に関連する情報やノウハウを出し惜しみする方は、他人からの情報やノウハウにも非常に興味があり、この興味があることは良いことなのですが、あまり褒められない方法で入手しようとされます。具体的な例として、私は運営サイトで「時短」や「交通事故削減」関連のマンガテキスト等を配布しているのですが、その際、同業者からの請求でも構わないことが謳ってあり、同業者の場合、一言、表記してくださいとのお願いをしているのですが、まず、前述のような同業者は偽名や、誰か他の人に身代わり請求させてきます。

　その点、組織化されたコンサルタント会社に所属している方や、自分の情報やノウハウも積極開示されているコンサルタントの方は、堂々と実名や会社名等を明記され、コンサルタントであることも表記

されてきます。

　このような申し込み方をされると、情報・ノウハウを提供させていただく私としては気持ちが良いので、返信メールでは「機会があれば是非、情報交換させてくださいね」と記載します。

　ですから、職人もコンサルタントも自分の保有している技術、情報、ノウハウ等を開示すべきと思います。

　で、職人の話に戻しますが、組織に属している職人的技術を保有している方は、自身の保有している技術やノウハウを組織内で標準化する必要があります。

　標準化するためには教育が必要ですが、自身で教育が出来ない場合、

　・テキスト・カリキュラムは他の従業員に作成させる
　・座学を実施する場合、メイン講師は別に依頼し（社内）、自分はサブ講師として良いとこ取りする

で、良いのです。

　そして、ある程度の教育が実施出来たら、標準化を実現しましょう。

　標準化の実現方法は、この本では割愛しますが、標準化については良書もたくさん発行されており、指導者（コンサルタント）も多数存在しますので、一定期間活用することも選択肢です（その場合でも、経営について理解しているコンサルタントであることが必要です）。

　以上のことを実施することにより、通常、技術習得に5年かかるところを3年に、3年かかるところを1年にできるのです。

　「人手不足」の原因として

　・育成に時間がかかりすぎる
　・育成するノウハウが無い

がありますが、この原因を解消することが前述の実施により可能なのです。

　本項のテーマが“職人的な考えでは「人手不足」は解消できない”ですが、言い方を変えると、

教育訓練制度が充実しないと「人手不足」は解消できない

と言うことになります。
　あなたの会社は「教育訓練制度」が充実していますか？

３ 「外部が期待する品質」と「内部が期待する品質」

　序章の６項で"売りモノ磨き"「人材磨き」のための「人材確保の仕組み」が必要であることを説明し、その中で、
　・「良い製品・良いサービス」を提供する「良い会社」であることは当然のこと

であることを説明しました。
　ただ、この"良い製品・良いサービス"の"良い"の定義は一概に決められないのです。このことは、「外部が期待する品質」と「内部が期待する品質」については、「顧客自己満足」の考え方とも重複します。
　本章の１項で明確にした「品質」を提供できれば、「良い製品・良いサービス」を提供していることになり、結果、「良い会社」と位置付けられるのであり、その根拠である顧客要求についてもう少し深く考えてみましょう。

４ 五つの顧客要求を明確にする
　「一般要求」「当然要求」「法的要求」「潜在要求」「顧客特有要求」

　顧客要求事項とは、品質マネジメントシステムでは非常に重要なキーワードです。なぜなら、顧客要求事項に応えて初めて顧客満足が得られるからです。
　この五つの顧客要求については、2010年９月に日刊工業新聞社発行のマネジメントシステム関連雑誌の巻頭特集：「顧客要求を満足させる品質創り：品質は最高のマーケティング」として35ページに渡り執筆させて頂き、その後、拙著である「運輸安全マネジメント構築・運営マニュアル」（2011年７月：日本法令発行）に概念を掲載いたしま

した。
　この項では、「人手不足」を解消するための"売りモノ磨き"を実現するためにこの五つの顧客要求を少し詳しく説明したく思います。

　この五つの顧客要求の概念を説明する際に必ず思い浮かべて頂きたいことは
　　・自社の「品質」はナニなのか？
です。この質問は、会社全体で考えなくても
　　・自分の部署の「品質」はナニなのか？
　　・自分の仕事の「品質」はナニなのか？
で、小さな範囲で考えていただいても構いません。
　このことは本章の1項で詳細に説明済みですね。
　自社の「売りモノ」を磨いて「社会から必要とされる企業」になるためには、単に"品質"と捉えずに"高品質"が必要であることを理解してください。単に"品質"を提供するだけの場合、顧客にとって、「単に不満ではない状態」を提供するだけとなりますので、そこからは、感謝も感動も生まれず、「すごい」「ありがとう」の言葉も出にくいでしょう。
　では、"高品質"の定義を造りましょう。
　高品質とは、
　「顧客がその製品やサービスに対して**心底（時には潜在的に）**求めていること」と「実際に提供している製品やサービス」
の合致度が高いことであり、図で表現すると下図のイメージです。

高品質の定義

顧客が心底（潜在的を含む）求めていること ＝ イコール ＝ 提供されたサービスや製品

低品質の定義

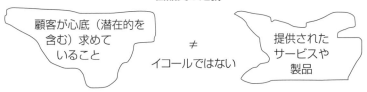

前述の高品質の定義の中の"顧客がその製品やサービスに対して心底（時には潜在的に）……"の"心底（時には潜在的に）"の着眼点が非常に重要なのです。

・顧客が心底求めていること
・顧客が潜在的に求めていること

この二つが非常に重要なのです。

ただ、その前に一般的な顧客要求を確認していきたいと思います。

通常、マネジメントシステムでは、単に「顧客要求」でまとめてしまうのですが、これだけでは真の顧客要求に応えることは出来ませんので、五つの顧客要求に分かれるのですが、この五つの顧客要求が二つに分類され、先ず一つ目が一般的な顧客要求です。

一般的な顧客要求

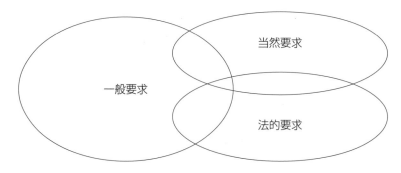

各要求の重複があり、識別が難しい場合がある

以下、五つの顧客要求について宅配を行っているトラック運送業を想定して例を出しましょう。

〇一般的な顧客要求

・**一般要求**

そのものズバリの一般要求です。

顧客からの通常考えられる要求事項のことです。

宅配業の一般要求の例：間違いなく配送してくれること、運賃が適切であること、集荷に来てくれることなど。

・**当然要求**

その都度要求しないのですが、当たり前の要求事項のことです。

宅配業の当然要求の例：宅配物が壊れていないこと、交通事故が無いこと、宅配ドライバーが怖い人でないこと、トラック庫内が不潔でないことなど。

・**法的要求**

法令での遵守義務要求のことです。例えば、許認可が必要な業種であれば、該当許認可を保有していること（運送業、建設業等）、個人情報を流出させないことなど。

また、事業を運営するにあたり法的義務を果たしていること。

宅配業の法的要求の例：一般貨物運送事業の許可を取得し、ドライバーは点呼時にアルコールチェックを行い、点呼を実施して点呼簿を整備するなど。

次に、個別の顧客要求を視てみましょう。

個別の顧客要求

顧客特有要求　　潜在要求

各要求の重複があり得る

〇個別の顧客要求
　・顧客特有要求
　　その顧客特有の要求事項のことです。
　　一口に宅配を依頼したい顧客と言っても、様々な事情があります。その一人ひとりの事情が反映される要求事項のことです。
　　宅配業の顧客特有要求の例：日時指定配送、冷蔵・冷凍配送、梱包材の回収、代金引換サービスなど。

　・潜在要求
　　顧客としては「このようにしてほしい」と明確な要求は無いのですが、潜在意識の中で「あったら便利だなぁ」と感じる要求事項のことです。
　　宅配業の潜在要求の例：日本の宅配サービスは世界一であらゆる潜在サービスが出尽くした感がありますが、「あったら良いなぁ」と思える宅配のサービスについて頭をひねって考えてみますと、24時間宅配、出前代行、買い物代行など。他の着眼点から町の安全を見守るために、全ての車両に72時間くらい撮影できる常時録画型のドライブレコーダーを車両の前後に装着など。

〇高品質を実現するためには？
　一般的な顧客要求（一般要求、当然要求、法的要求）に応えることは企業として当然のことであり、顧客から高品質との評価を得て、自社の「売りモノ」を磨き、「社会から必要とされる企業」になるためには、個別の顧客要求（顧客特有要求、潜在要求）に応えることが非常に重要です。

〇顧客特有要求、潜在要求に応えるには？
　まず、顧客特有要求に応えるためには、
　　　　　　　　自社の顧客は誰なのか？

を明確にする必要があります。

　顧客を明確にすることにより、その顧客特有の要求事項が見えてくるのです。例えば、従業員20名ほどの製パン工場の顧客をいくつか想定してみて、その顧客特有の要求事項を考えてみましょう。

　・従業員20名ほどの製パン工場の顧客とその顧客特有要求は？
　　①食品の卸会社：販売先のニーズに迅速に対応してほしい
　　②喫茶店：急な納品に対応してほしい
　　③社員食堂：毎日午前10時納品してほしい
　　④外食チェーン店：新規メニュー作成をフォローしてほしい
　　⑤サンドイッチ製造業：365日納品してほしい

　いかがでしょうか？

　一口に製パン工場の顧客と言っても、様々な顧客が存在しており、それぞれ特有の要求事項がありますね。

　しかし、まだ、この顧客特有要求は判り易いので助かります。要はその要求に応えられるのか否かがカギとなるだけですから。

　難しいのは、潜在要求です。

　潜在要求とは、あくまで顧客の潜在意識の中にあるので、表面化していないからです。だからこそ、この潜在要求を提案すると顧客からは、「そうそう、このようなサービスが欲しかったんです！」と非常に顧客満足が高まるのです（高品質の実現）。

　では、この潜在要求。どのように明確にすればよいのでしょうか？

　先ほど、顧客特有要求に応えるために"自社の顧客は誰なのか？"を考えました。潜在要求の明確化では、このプロセスだけでは足りず、

自社の顧客の顧客は誰なのか？

を想定する必要があるのです。

　ここで一つ豆知識として、

顧客の顧客を喜ばせることが出来れば儲かる

を頭の片隅に置いておいてください。

　では、先ほどの従業員20名ほどの製パン工場の顧客の顧客を考えてみましょう。
　　・従業員20名ほどの製パン工場の**顧客の顧客**とは？
　　　①食品の卸会社の顧客：スーパー、小売店
　　　②喫茶店の顧客：喫茶店に立ち寄る一般顧客
　　　③社員食堂の顧客：その会社に勤務する従業員
　　　④外食チェーン店の顧客：外食産業で食事をする一般顧客
　　　⑤サンドイッチ製造業の顧客：コンビニエンスストア
　ざっと、こんな感じでしょうか。

○自社の顧客はナニ業なのか？という着眼点
　潜在要求を明確にするためにもう一つ重要な着眼点があります。
　それは、
　　　　　　　　自社の顧客はナニ業なのか？
という着眼点です。
　前述の製パン業者の顧客である社員食堂についても
　　　　　　　「自社の顧客は社員食堂です」
とだけ位置づけていたのでは、潜在要求の明確化には限界があり、製パン業者の社員食堂の真の存在目的は何か？を考えてほしいのです。
　例えば、社員食堂は顧客である社員の空腹感を満たすだけの存在ではなく、社員食堂の顧客である、その会社に勤務する社員に対して
　　・元気よく働くことのできる存在
　　・健康維持・向上を担う存在
と、考えることが出来るでしょう。
　場合によっては、仕事に忙殺される一日の中で、「ホッと」息抜きが出来る癒しの場なのかもしれません。

以上のことから、製パン業者の顧客である社員食堂とは、

・社員の心身の健康維持お手伝い業

と考えられるのではないでしょうか？

以上をまとめてみると、従業員20名ほどの製パン工場について

・自社の顧客は？＝社員食堂
・自社の顧客の顧客は？＝その会社に勤務する従業員
・自社の顧客はナニ業か？＝従業員の心身の健康維持お手伝い業

ここまで明確になったところで、明確にした三つの内容をインプットとして、

自社はナニ業なのか？

を定義するのです。

そこで少し寄り道させてください。

「プロセス」については、第2章の8項で触れましたが、丁度良いのでこの機会に再度事例として説明しましょう。

今ここで説明しているのは、「自社はナニ業かを明確にするプロセス」です。これを図にすると

自社はナニ業かを定義するプロセス

【インプット】	【アウトプット】
・自社の顧客は、社員食堂である ・自社の顧客の顧客は、その会社に勤務する従業員である ・**自社の顧客は、従業員の心身の健康維持お手伝い業である**	・ヘルシーなパン提供業 ・ヘルシーな食材提供業 ・ヘルシー食堂プロデュース業（サポート業）

　自社はナニ業かを　
　　　　　　　定義するプロセス

インプットとして特に重要な情報は、"自社の顧客は、従業員の健

康維持お手伝い業である"です。そこで考えられる"自社はナニ業か？"に対する回答例として
　・ヘルシーなパン提供業
　・ヘルシー食材提供業
　・ヘルシー食堂プロデュース業
などが例として考えられるのです。

　この中でも「ヘルシーなパン製造業」はスグにでも実施できると思います。「ヘルシー食堂プロデュース業」となると少々の準備が必要ですが、そんなに難しいことではないでしょう。

　重要なことはそのことを
外部に宣言すること！
なのです。

　「有言実行」については、説明済みですが、この"有言"することにより「言霊」が機能すると思ってください。

　ここまでのプロセスで次のことが明確になりました（再掲）。
従業員20名ほどの製パン工場の
　・自社の顧客は？＝社員食堂
　・自社の顧客の顧客は？＝その会社に勤務する従業員
　・自社の顧客はナニ業か？＝従業員の健康維持お手伝い業
　・自社はナニ業か？＝・ヘルシーなパン提供業
　　　　　　　　　　　・ヘルシーな食材提供業
　　　　　　　　　　　・ヘルシー食堂プロデュース業

　そこで、潜在要求を明確にするのです。

　もう想像つくと思いますが、従業員20名ほどの製パン工場の顧客である社員食堂からの潜在要求例とは、
　・顧客であるその会社に勤務する従業員の健康を維持・改善させる　ための様々な情報が欲しい
と仮定できます。

第3章　人材確保のために、自社の「売りモノ」を徹底的に磨く

　なおここでは、潜在要求以外の４つの要求についても認識しておいてください。

最終段階では、主に潜在要求を元に（インプット）、それらの要求を実現するための製品・サービスを決定するのです。
　例えば、前述の潜在要求例を実現するためのサービス例として、
　　　・心身のヘルシー志向を刺激する食堂運営ノウハウ提供
が考えられます。
　そして、社員食堂側にこの情報を提供できることを提案し、その情報により自組織が今後どのように展開していけるのかが理解できる担当者であれば、
　　　　　「そうそう、これを探していたんですよ！」
となるのです。
　皆さんも街に出かけ、今まで見たこともない商品を手に取り、「そうそう、こんなことが出来る商品が欲しかったのよ」と思うことがあると思います。それは、あなたにとって偶然な出会いなのかもしれませんが、今までのプロセスを経ることにより意図的に作り出すことが可能なのです。

　以上、"社員食堂"と表現していましたが、一般的には社員食堂は運営会社があり、通常、その運営会社は数件の社員食堂を営んでいます。ですから、運営会社にとっては、"心身のヘルシー志向を刺激する食堂運営のノウハウ"は新しい商売のネタとなり、利益増加に直結するのです。こうなりますと、単に製造業と位置付けられていた製パン業者は社員食堂運営会社にとって、唯一無二の存在になることが出来るのです。
　また、製パン業者にとっても、"心身のヘルシー志向を刺激する食堂運営のノウハウ提供業"として既存客である社員食堂運営会社だけ

ではなく、他の社員食堂運営会社にもそのノウハウを提供できることができます（もちろん、既存客である社員食堂運営会社への配慮は必要かもしれませんが）。

これを新規事業として、仕組みを構築しPDCAを廻していけばよいのです。

前述した、頭の片隅に置いていただいた内容を覚えていますか？

顧客の顧客を喜ばせることが出来れば儲かる

このことにより、自社の「売りモノ」を磨き、顧客から必要とされる代わりの利かない企業であることはもちろん、「社会から必要とされる企業」になることが出来、そうなると「人手不足」が遠のいていくことになるのです。

〇足元をすくわれる法的要求

本項では五つの顧客要求を説明し、その中でも、個別の顧客要求である「顧客特有要求」「潜在要求」が重要であることを説明しました（特に「潜在要求」）。ただ、日頃見落としがちですが、甘く見ると足元をすくわれる可能性があるのが、一般的要求事項の中の「法的要求」です。

法的要求は、その名の通り、法的な義務に対する要求ですから、その要求事項に対して担保出来ていないと

全てが台無し

となる可能性があるのです。例えば、
- ・地元で評判の良い工務店が建設業許可未取得であった
- ・配送を依頼していたトラック業者の運行管理者が名義借りだった
- ・無免許教師を教壇に立たせていた進学校
- ・運転免許証未更新のドライバーに運転させていたバス会社

などです。法的要求事項については、法令を100％遵守している組織はあり得ないと思われますが、その組織が生業としている業種に関連する法令からの逸脱は相当注意すべきです。

また、法令の不遵守については意図的な場合ももちろんありますが、失念などによる意図的ではない場合もあり、組織の管理体制が重要となります。

実際、どんなに儲かっており、どんなに良い商品を提供し、どんなに顧客からの支持があっても、法令違反の発覚により組織の存続が出来なくなる事例が幾つもあります。また、法令ではないにしても、組織で決定した重要事項が遵守されていない場合も同様の影響があるのです。

マネジメントシステムにはその対象により、いくつもの種類がありますが、その中でも遵守すべき法令等を洗い出し、その遵守がなされているのかを確認しなくてはならないマネジメントシステムがあり非常に良いことだと思います。実際、法令の不遵守とは悪質で意図的な事例よりも

・遵守すべきことを認識していなかった
・遵守法令は認識していたが実施を後回しにしていた
・遵守されていると思っていた

のように、ヒューマンエラーの「意図しない不適切行動」である、「能力不足」「失念」「思い込み」によるものが多いようですので（"後回しにしていた"を敢えて"失念"と捉えた場合）、

・遵守すべき法令等の洗い出し
・洗い出した法令等の遵守評価の実施

を仕組み化してしまえばよいのです。

以上のように法的要求への対応を怠ると、「社会から必要とされる企業」ではなくなることはもちろん、「存在しなくてもよい企業」の

烙印を押される可能性がありますので注意が必要です。

⑤ 顧客要求を実現するための製品・サービスを提供するために解決すべき「内部の課題」と「外部の課題」

　顧客要求が明確になり、その要求を実現する製品・サービスを実現するために解決すべき、「内部の課題」「外部の課題」を明確にするのです。

　内部の課題とは内部に原因がある課題のことであり、外部の課題とは外部に原因がある課題のことです。例えば、或るホテルが現在営業している場所以外の県のホテル建物を購入し、新規に営業する場合の一般的な内部の課題例と、外部の課題例を考えてみましょう。

　・内部の課題：資金の確保、改装するか否かの検討、就労スタッフ
　　　　　　　の確保、営業活動、スタッフ教育等
　・外部の課題：改装する場合は業者の確保、購買先確保（食材、飲
　　　　　　　料、リネン、派遣業者等）、テナント入居者確保、
　　　　　　　営業許可取得、提携駐車場確保、パブリシティ等

　内部の課題と外部の課題のすみわけは厳格ではありませんので特に気にする必要はありません。

　前述の例のように、一般的に解決すべき課題は様々なことがあり、数えきれませんが、何かの目的を達成するための解決すべき課題というともう少し絞り込めるのではないでしょうか。

　逆に、"何かの目的を達成するため"ではなく、
　・経営改善するため
　・もっと会社を良くするため

を実現するための解決すべき課題についての方がピンとくるのかもしれません。このことは、品質マネジメントシステムの2015年版での要求事項として規定されています。

では、本題である顧客から期待されていること（顧客要求）を実現するために解決すべき「内部の課題」と「外部の課題」を前述の製パン業者の例にします。

顧客からの潜在要求を中心に製パン業者として顧客から期待されていることを提供すべきサービスとして、

・心身のヘルシー志向を刺激する食堂運営ノウハウ提供

としましたので、これを実現するために解決すべき「内部の課題」と「外部の課題」を考えてみます。

●解決すべき課題（例）
　①既存客に周知する
　②アレルギー物質の知識を修得する（内部の課題）
　③アレルギー物質が含まれない製品の提供（内部の課題）
　④世間に広くPRする（内部の課題）
　⑤ヘルシー原材料を採用したレシピ開発（内部の課題）
　⑥外部専門家からのサポート（外部の課題）

上記の解決すべき課題は例であり、"具体的な提供ノウハウの決定"の内容によりかなり異なることをご承知置きください。

6 「好ましくないリスク」と「好ましい機会」

課題を解決していくうえで、「好ましくないリスク」と「好ましい機会」を洗い出します。

では、この場合の"リスク"と"機会"について考えてみましょう。

マネジメントシステムでの考え方を考慮して、

・リスク：不確かさの影響。

　　　　これでは何の意味か理解できない方が殆どだと思います。もう少し補足しますと、不完全な状態から好ましくない方向に外れてしまうことです。これでも理解しにくいと思いますので、さらに解り易く表現すると、

　　　　　　予測通りにならない可能性としておきましょう。
　・機　会：不完全な状態から好ましい方向にいくこと。
　　　　　　改善の機会。
　　　　　　「丁度良い機会だから○○に取組もう」など。
と、定義します。
注：前述のリスクとは「ネガティブリスク」、機会とは「ポジティブリスク」の
　　考え方を採用しています。

　では、"心身のヘルシー志向を刺激する食堂運営ノウハウ提供"というサービスを提供するために「内部の課題」と「外部の課題」を解決していくうえで「好ましくないリスク」と「好ましい機会」を洗い出してみましょう。
　●好ましくないリスク（例）
　　①他の既存客からのクレーム
　　②アレルギー物質の知識が取得できない
　　③アレルギー物質未含有製品購入者がアレルギー発症
　　④プレスリリースが採用されない
　　⑤原価が上がる
　　⑥外部専門家が見つからない　　など
　●好ましい機会（例）
　　⑦新規事業としてバックアップが受けられる
　　⑧取引先の拡大（脱オンリー製造業）
　　⑨優秀人材の採用
　　⑩ムダな残業時間削減
　　⑪人手不足の解消
　この「リスク」と「機会」の考え方は慣れないと難しく思えるかもしれませんが、
　　・今後、大変なことが起こる可能性があるため取り除くべきリスク
　　・組織を良くするため丁度よい機会

と理解してください。

7 「好ましくないリスクの原因」と「好ましい機会の要因」

"問題には必ず原因がある"は、この本の随所に出てきていますが、「リスク」にも当然原因があり、「機会」にも当然要因があります。

ここでも"心身のヘルシー志向を刺激する食堂運営ノウハウ提供"というサービスを提供するために「内部の課題」と「外部の課題」を解決していくうえで洗い出した、「好ましくないリスク」と「好ましい機会」のそれぞれ原因と要因を考えてみましょう。

●好ましくないリスクの原因（例）
　①他の既存客が同様のサービスを実施している
　②社内にアレルギー物質関係の知識保有者が居ない
　③交差汚染の知識が不完全
　④プレスリリースの内容が悪い
　⑤小ロットのヘルシーな原材料の採用
　⑥人脈が無い

●好ましい機会の要因（例）
　⑦国などの認定や助成金制度の存在
　⑧新規サービスの開発
　⑨指導業務やシンクタンク業務の開始
　⑩付加価値提供により顧客と対等になり、残業の原因となっていた突発的な注文が減少
　⑪ブランドが構築されたことによる入社希望者増加

これらはあくまで例ですので、他にも適切な原因や要因が存在すると思います。

原因追究の手段としては、様々な手法があり、ここでは説明は割愛しますが一つだけ認識しておいて頂きたいことは、

安易に原因を特定しない

ということです。

　優良なお客様からの注文を受けている製造業者の場合は、不良製品の原因追究にある程度慣れており、安易に原因を特定することはしないと思いますが、それ以外の事業者の場合は問題発生時の原因特定があまりにも稚拙なようです。

　本来であれば、原因特定については特性要因図等を用いて特定していくことが望ましのですが、最低でも「なぜ」を3回は実施して真の原因を特定してください（世界的有名な某企業は「なぜ」を5回実施するように指導していますが）。

　また、どこまで原因特定に苦労されたのかは不明ですが、マネジメントシステムに取組んで間もない組織に対する審査で、問題発生時の原因を確認すると
　　・周知徹底不足
　　・確認不足
　　・教育不足
に遭遇することがよくあります。

　この手の原因は100％不適切であるとは言いませんが、果たしてどこまで真剣に原因追究をしたのか甚だ疑問です。さらにこの手の原因は何回も使われており、このことからもマネジメントシステムが機能していないと判断すべき組織があることが事実です。

　さらに笑えた原因として「うっかりミス」なんてものもありました。

　このレベルまで来ると「うっかりミス」を許している組織風土の問題かと思えてしまいます。

8 「リスクをつぶすための目標、計画」と「機会を実現するための目標、計画」

　いくら、「好ましくないリスク」、「好ましい機会」、「リスクの原因」及び「機会の要因」が判ったところで、それらの情報をどのように活

用していくのかを決定しなくてはなりません。それが、「リスクをつぶすための目標、計画」と「機会を実現するための目標、計画」です。
　では、"心身のヘルシー志向を刺激する食堂運営ノウハウ提供"というサービスを提供するために「内部の課題」と「外部の課題」を解決していくための、「好ましくないリスクをつぶすための目標、計画」と「好ましい機会を実現するための目標、計画」を考えてみましょう。
　●好ましくないリスクをつぶすための目標や実施計画（例）
　　①目標：他の既存客からのクレームゼロ
　　　実施計画：・同様のサービスを実施している既存客の洗い出し
　　　　　　　　・当該既存客が提供しているサービスの内容確認
　　　　　　　　・バッティングを防ぐための対象地域決定　など
　　②目標：社内専門家の育成（作業者全員が特定アレルギー原材料
　　　　　　27品目の知識習得）
　　　実施計画：・選抜された二人が外部講習受講
　　　　　　　　・二人が講師となり27品目について講習実施
　　　　　　　　・全員が確認テスト受験　など
　　③目標：アレルギー製品事故ゼロ
　　　実施計画：・フローダイアグラム作成
　　　　　　　　・ハザード分析実施
　　　　　　　　・社内講習実施（一般的衛生管理）
　　　　　　　　・手順書の作成
　　　　　　　　・インシデント情報の徹底活用
　　　　　　　　・内部監査実施　など
　　④目標：◎までに○○新聞と◆◆新聞記事掲載
　　　実施計画：・プレスリリースの書き方を自主学習
　　　　　　　　・プレスリリースを作成し社内外評価実施
　　　　　　　　・ホームページのリニューアル　など
　　⑤目標：原価の維持

実施計画：・サプライヤーとの価格交渉
　　　　　　　・経年劣化しない原材料の抽出
　　　　　　　・経年劣化しない原材料の一括購入　など
　⑥目標：◎までに外部専門家との顧問契約
　　実施計画：・材料問屋から情報収集
　　　　　　　・ネットでの情報収集　など
●好ましい機会を実現するための目標や実施計画（例）
　⑦目標：◎までに△△の助成金受領
　　実施計画：・助成金の内容調査
　　　　　　　・自社だけで申請するのか、外部に依頼するのか決
　　　　　　　　定する
　　　　　　　・◎までに申請する　など
　⑧目標：◎までに▼社と新規取引
　　実施計画：・担当者の選任
　　　　　　　・販売ツールのパッケージ化
　　　　　　　・ターゲットの決定　など
　⑨目標：◎までに▼名の新卒採用
　　実施計画：・責任者の決定
　　　　　　　・指導業務の開始
　　　　　　　・新卒用の「求人票」作成
　　　　　　　・就職説明会参加
　　　　　　　・会社見学　など
　⑩目標：◎までに一人当たり月▼時間残業時間削減
　　実施計画：・残業の原因となっている業務の洗い出し
　　　　　　　・残業原因業務の発注元を洗い出し
　　　　　　　・発注元に改善提案依頼　など
　⑪目標：◎までに不足人員ゼロ状態実現
　　実施計画：・指導・コンサル業務の安定

第3章 人材確保のために、自社の「売りモノ」を徹底的に磨く

・会社ロゴマーク、マスコットの作成
・社名変更（場合によっては）
・継続的なプレスリリース発信　など

となります。

目標と実施計画はあくまで一例ですが、今まで思いつきで実施していたマーケティングプランや目標設定は、根拠を明確にすることにより理論づけて策定・運用が出来るのです。

「問題には必ず原因がある」のと同様に、

全てのことに決定の根拠が必要

なのです。

そして、これこそが「社会から必要とされる企業」、「代わりが利かない企業」になり、「人手不足企業」から脱するために必要な取組みなのです。

では、本章で説明した仕組みを整理してみましょう。

【人材確保のために、自社の「売りモノ」を徹底的に磨くしくみ】

　A　五つの顧客要求を理解する
　　「一般要求」「当然要求」「法的要求」「顧客特有要求」「潜在要求」

　B　自社の顧客は誰なのかを明確にする

　C　自社の顧客の顧客は誰なのかを明確にする

　D　"C"で明確になった"顧客の顧客は誰なのか"を参考に
　　　自社の顧客はナニ業なのかを定義する

E "BCD"で明確にし、定義した顧客要求を元に自社はナニ業なのかを定義する。
- ・自社の顧客は誰？・・・B
- ・自社の顧客の顧客は誰？・・・C
- ・自社の顧客はナニ業か？・・・D

F 潜在要求を中心に五つの顧客要求をインプットに、それらの「要求を実現するための製品やサービス」を決定する

注意：法的要求に十分に配慮する

G "F"で決定した、「顧客要求を実現するための製品・サービス」を提供するために解決すべき「内部の課題」と「外部の課題」を明確にする

H "G"で明確にした「内部の課題」と「外部の課題」を解決していくうえで「好ましくないリスク」と「好ましい機会」を洗い出す

I 「好ましくないリスクの原因」と「好ましい機会の要因」に当たりを付ける

J 「好ましくないリスク」、「好ましい機会」、「リスクの原因」及び「機会の要因」を元に「リスクをつぶすための目標、計画」と「機会を実現するための目標、計画」を決定する

K "J"で決定した「リスクをつぶすための目標、計画」と「機会を実現するための目標、計画」を運用する（PDCAを廻す）

課題、リスク、機会、原因、目標・実施計画一覧表

解決すべき課題	好ましくないリスク
①既存客に周知する（内部の課題）	①他の既存客からのクレーム
②アレルギー物質の知識を修得する（内部の課題）	②アレルギー物質の知識が取得できない
③アレルギー物質が含まれない製品の提供（内部の課題）	③アレルギー物質未含有製品購入者がアレルギー発症
④世間に広くPRする（内部の課題）	④プレスリリースが採用されない
⑤ヘルシー原材料を採用したレシピ開発（内部の課題）	⑤原価が上がる
⑥外部専門家からのサポート（外部の課題）	⑥外部専門家が見つからない
	好ましい機会
	⑦新規事業としてバックアップが受けられる
	⑧取引先の拡大（脱オンリー製造業）
	⑨優秀人材の採用
	⑩ムダな残業時間削減
	⑪人手不足の解消

つづき

好ましくない リスクの原因	目標、実施計画
①他の既存客が同様のサービスを実施している	①目標：他の既存客からのクレームゼロ 実施計画：・同様のサービスを実施している既存客の洗い出し ・当該既存客が提供しているサービスの内容確認 ・バッティングを防ぐための対象地域決定　など
②社内にアレルギー物質関係の知識保有者が居ない	②目標：社内専門家の育成（作業者全員が特定アレルギー原材料27品目の知識習得） 実施計画：・選抜された二人が外部講習受講 ・二人が講師となり27品目について講習実施 ・全員が確認テスト受験　など
③交差汚染の知識が不完全	③目標：アレルギー製品事故ゼロ 実施計画：・フローダイアグラム作成 ・ハザード分析実施 ・社内講習実施（一般的衛生管理） ・手順書の作成 ・インシデント情報の徹底活用 ・内部監査実施　など
④プレスリリースの内容が悪い	④目標：◎までに〇〇新聞と◆◆新聞記事掲載 実施計画：・プレスリリースの書き方を自主学習 ・プレスリリースを作成し社内外評価実施 ・ホームページのリニューアル　など
⑤小ロットのヘルシーな原材料の採用	⑤目標：原価の維持 実施計画：・サプライヤーとの価格交渉 ・経年劣化しない原材料の抽出 ・経年劣化しない原材料の一括購入　など

⑥人脈が無い	⑥目標：◎までに外部専門家との顧問契約 実施計画：・材料問屋から情報収集 　　　　　・ネットでの情報収集　など
好ましい 機会の要因	
⑦国などの認定や助成金制度の存在	⑦目標：◎までに△△の助成金受領 実施計画：・助成金の内容調査 　　　　　・自社だけで申請するのか、外部に依頼するのか決定する 　　　　　・◎までに申請する　など
⑧新規サービスの開発	⑧目標：◎までに▼社と新規取引 実施計画：・担当者の選任 　　　　　・販売ツールのパッケージ化 　　　　　・ターゲットの決定　など
⑨指導業務やシンクタンク業務の開始	⑨目標：◎までに▼名の新卒採用 実施計画：・責任者の決定 　　　　　・指導業務の開始 　　　　　・新卒用の「求人票」作成 　　　　　・就職説明会参加 　　　　　・会社見学　など
⑩付加価値提供により顧客と対等になり、残業の原因となっていた突発的な注文が減少	⑩目標：◎迄に一人当たり月▼時間残業時間削減 実施計画：・残業の原因となっている業務の洗い出し 　　　　　・残業原因業務の発注元を洗い出し 　　　　　・発注元に改善提案依頼　など

9 「既存客」と「既存人材」の大切さは同じ

　従業員満足については、第1章の3項の"○従業員の会社へのモチベーションアップ"で説明しておりますが、「従業員が満足している状態」とは、決して、「この会社最高！」という意味ではなく、「不満が無い状態」であることを説明しました。
　中には、「仕事が生きがい」という方の話を耳にしますが、実際に仕事だけが生きがいということは考え難く、他に興味を示すことがあると思われます。ですから、この会社に対して「不満が無い状態」が実現できることで十分と思います。
　ただ、人それぞれ、感情や感覚の「モノサシの目盛り」が違うので注意が必要です。
　余談ですが、私が主宰する小規模な組織では、この25年間で延べ40人以上の雇用、1000名以上の面接を実施しましたが、自分の持っている常識というモノサシが如何に非常識なのかを思い知らされる人材が散見されました。もちろん私自身は自分のモノサシが社会的な目盛と合致していると思っていますが。
　先日も社内で発送物の「発送票」の記載方法が変更になったので、丁度、社内にいた3名の従業員に記載方法を尋ねたのですが、満足いく回答が返ってこなかったので、「もういいですよ。自分で調べて書きますから」と伝え、その場は終わったのですが、その後、その場に居なかった従業員に、その場に居た一人の従業員が「今日、山本さんにキレられた」と話していたというのです。
　自分としては"キレた"覚えはないし、その現場にいた20年来の別の従業員も「あれでキレられたというのであれば、昔の山本さんの私たちの叱り方なら、その場で退職するかもしれませんね」と言われました。
　このように「キレる」「キレられる」の受け止め方のモノサシが人

第3章　人材確保のために、自社の「売りモノ」を徹底的に磨く

によって違うのはよくあるのかもしれませんし、そもそも、その従業員は「キレる」の意味をはき違えていたのかもしれませんし、私自身も自分では意識していなかったのですが、厳しい態度をしたのかもしれません。

　本項の本題に入りますが、組織にとって従業員に対する最低限の義務として「従業員満足」の実現が必要でしょう（もちろん、ブラック従業員ではなくまともな従業員の満足ですが）。

　くどいようですが、「従業員満足」とは、この本で説明している顧客満足の目指すエクセレントではなく、不満が無い状態で良いのです。

　そこで重要なことですが、

お客様と従業員の大切さは同じ

なのです。要するに「既存客」と「既存人材」は同じくらい大切であり、場面ごとでの使い分けは必要かもしれませんが、相対的に視て差は付けられないのです。要は

従業員を大切にしていない企業は顧客も大切に出来ない

のです。

　マスコミ報道で見受けられる（真実は不明ですが）、人材を本人の意思に反して酷使して使い捨てる企業の「顧客第一主義」や「顧客満足の追求」や「お客様に奉仕」などの経営方針やスローガンを見かけると呆れるのを通り越して笑えてきますね。要は、

自分の子供を大切にできないのに
他人の子を大切にできるのか？

と同じことであり、このような企業が「人手不足」に陥るのは当然の結果と言えるでしょう。

　ただここで一つ注意しなくてはならないことは、"人材を本人の意思に反して酷使して使い捨てる企業……"と前述しましたが、傍から見ていて、「従業員を酷使して従業員を大切にしていないなぁ」と思えても、従業員自身が雇用企業に対して特に不満が無いどころか、雇用

127

企業の上司や経営層に対して尊敬の念を抱いている場合があります。

　確かに労働基準法の考え方からすると非常に問題がある場合でも、「そんなことは大きなお世話であり、自分はこの会社や尊敬する社長のために好きで働いているのだ」と言う従業員が居ることも事実なのです。

　このような状態は、法的や道徳的観点から視て云々はさておき、従業員を「信者化」している例であり、顧客の「信者化」と同様であり、全否定は出来ないと思うのです（ある意味羨ましい？ただ、その従業員の家族が遺族になった場合は大問題に発展する？）。

　とにかく、「顧客」と「従業員」の扱いに差をつけるべきではなく、両方とも企業運営や組織運営に大切な存在なのです。

　ですから、自社の「売りモノ」を徹底的に磨くためには、「従業員満足」が重要であることを理解してください。

第4章

人材確保のために、自社の「人材」を徹底的に磨く

1 またダマされる「バカな社長」

本項は社長をバカにするための内容ではありません。

社長の中には、第2章の7項の"○創業社長は素晴らしい方も居るが、問題社長もたくさん居る"で説明した問題社長や問題ある行動を取る社長も散見されますが、実は社長とは

期待することが大好きな人種

なのです。

社長とは

・社員に期待して

・役員に期待して

・管理職に期待して

・業績にアップに期待して

・他企業とのコラボに期待して

そして、殆どが裏切られる（結果的に騙される）役目なのです。

以上の期待の中でも社員、管理職への期待は半端ではないのですが、この社員や管理職へ期待することは社長の義務なのかもしれません（今後は便宜上"社員や管理職"を"社員"と表記します）。

逆に社員に期待できない選民意識を持っている社長は（「社長の俺は、働き蜂社員とは違うのだ」とか「自分だけが偉い」と思っている社長のこと）、本当のバカで愚かな社長です。

このように社長とは

期待することが大好きな愛すべき人種

なのです。しかし、結果的ではありますが、この

社長の社員に対する期待は殆ど裏切られます

　社員は、意図的に社長を騙そうとしているのではありませんが、結果的に社長からの期待に応えられず、考え方によっては

社員が社長を騙す

ことになるのです。
　なぜ、このようなことになるのでしょうか？

　本来、社員は「○○を達成しましたから、◆◆してください」と成果をネタに社長に打診すべきなのですが（"◆◆してください"とは、「給与を上げてください」など）、殆どの社員は「○○を達成しますので、◆◆してください」と、まだ成果が上がっていない計画の段階で待遇改善等を要求してしまうのです。
　社員からすれば、このことは間違ったことではなく、普通のことなのですが、この要求に対して社長は「では、成果が明確に出てから、私に要求してください」と言い含めれば良いのですが、"期待することが大好きな愛すべき人種"の社長は、「やっと当社の社員もやる気を出してくれた」と嬉しくなってしまい、要求を呑んでしまうのです。
　しかし、当該社員は、

○○が達成できない

のです。
　これは、社員が悪いのでしょうか？
　一般的に考えれば、成果を出すこと（○○の達成）を条件に、社長に要求を呑ませておいて、成果が出せなかったのですが、大人として社会人として社員が悪いことは当然だとしても、本当に社員だけが悪いのですか？
　私の考えでは、社員だけが悪いのではなく

計画を実現させる仕組みが無い会社も悪い

のです。

　要は、社員の

ここまでやります！

という「有言」に対して、

「実行」させる仕組みが無い

ことが問題なのです。

　「有言実行」の重要性については、第２章の３項で、「不言実行」ではなく、"ビジネスの世界では絶対に「有言実行」でなくてはなりません。"と説明した通りです、

　悲しいことですが、「ヒトは他人を変えられない」のです。

　しかし、「自分で自分を変えることはできる」のです。ですから、社員が「○○を達成します」と言うときは、自分自身が変わろうと思ったり、自分自身を改善しようと思った瞬間なのです。この瞬間・チャンスを活かさない手はありません。

　この瞬間・チャンスを活かし、どんなことをしてでも達成させてあげることが社長、上司及び会社の務めではないでしょうか。

［参考］

　第１章の９項で「ヒトは他人を変えられない」で説明した内容を以下、再掲します。

　「ヒトは他人を変えられない」のですが、自分自身が「変わろう！」と思えば、いつでも変えられるのです。そのように思わせることが出来るのは、外部のセミナー講師やコンサルタントではなく、いつも一緒に仕事をしている上司や社長です。

　くどいようですが、上司の使命とは部下の能力を引き出す環境を造ること（社長の使命とは従業員の能力を引き出す組織風土をつくるこ

と：残念なことに部下のやる気をなくすのが得意の上司がいる。上司であればまだましだが社長の場合は非常に問題）であり、"能力を引き出す環境"とは、まさに"「実行」させる仕組み"なのです。

　余談ですが、社員はわざと社長を騙そうとしているわけでなないので、達成できなかった場合は、社員自身が落ち込み、負い目を感じることになります。そこでまともな神経をしているまともな社員はいたたまれなく退職をしてしまうのです。そして、残った社員は、

・達成できなくても負い目に感じないふてぶてしい無能社員
・最初からヤル気の無い社員

が組織の大半を占めることになってしまい、そうなると組織の活気もどんどんなくなり、負のスパイラルに陥ることになるのです。

　よく考えてください、誰がそのような活気の無い負のスパイラルに陥った会社に入社したいですか？このこと自体も「人手不足」の大きな原因となるのです。

　このようなことは絶対に避けなくてはなりません。

　そもそも、「○○を達成します」というヤル気のある前向きな社員は10人に1人居ればよいのです。その10％社員が組織をけん引することが出来れば組織は繁栄できるのです。

　では、例え1割の社員にでも「○○を達成します」と言わせるためにはどうしたらよいのでしょうか？実はそのこと自体難しいことではありません。社長が「わが社をこのようにしたい！」と"想い"を明文化して社内に周知したうえで、それを実現するための"しくみ"を造ればよいのです。

　残念なことですが、この社長の"想い"は、日々のコミュニケーションや飲み会で語るだけでは社員は行動しません。"社長の想い"を文書化という形にしたうえで、

　　　　　社員が有言実行できる仕組みを構築・運用
することが必要です。

第4章　人材確保のために、自社の「人材」を徹底的に磨く

このことを次項以降で考えてみましょう。

2 ダマされないためのPDCA

　PDCAについて序章の5項で簡単に説明しましたが、PDCAとは、目的を達成するための仕組みですから、社員からの「○○を達成します」との申し出に是非PDCAを活用する必要があるのです。

　このPDCAを活用することにより、
・社員を嘘つきにしない（○○が達成できるので）
・社長は騙されない（○○が達成できたので）

が実現できますので、双方にメリットがあるのは明白です。
逆にPDCAの短所については、

PDCAはプロセス管理

ですから、社長（上司）は部下が取組むPDCAを管理する必要があります。

　この"PDCAを管理する"と訊くととても大変なことのように思えますが、決して大変なことではなく、日常業務に組み込んで当たり前に実施するだけです。

　前項でも説明しましたが、そもそも上司の使命とは

部下の能力を引き出す環境を造ること

ですから、その"能力を引き出す環境"を実現するためにPDCAを活用すればよいのです。

　では、社員から「○○を達成します」と申し出があった場合の対処方法を説明していきましょう（目的達成の仕組み）。

①ビジネスは「有言実行」であることを理解させる

　ビジネスの世界では「不言実行」では不完全であり、「ここまでやります」と宣言したうえで実行できることが必要であることを前提条件として理解させます。

実際、「ここまで成果を上げることが出来ましたので◆◆してください」と社員から要求があった場合、確かに、「これからやりますから、そのヤル気を評価して◆◆してください」よりは、マシですが、幾ら結果を出したとはいえ、「有言実行」でないのであれば、評価は半減ですので、その"半減"を意識した◆◆（報奨）を与えるべきです。
　「有言実行」ではない場合は、たまたま、「できた」だけかもしれませんので。
　ここで、「できる」と「できた」の違いについても少し触れておきましょう。
　できる：計画に基づき実施した結果、達成できること
　できた：たまたま達成できたこと
　そして、「できる」と「できた」の最も大きな違いは、
「できる」には再現性がある
のです。
　「できる」は、計画に基づき実施するのですから、その一連の取組みを「仕組み化」すれば良く、要するに「標準化」できれば、その達成体験（成功体験）を再現することが出来るのです。

②どのような計画で達成するのか？
　社員から「○○を達成します」と申し出があった場合、社長や上司であるあなたは「やっとやる気になってくれたのか」との嬉しさを隠したうえで、○○を達成するうえで次のことが明確になっているのかを確認してください。
　・何を達成するのか？
　・いつまでに達成するのか？
　・どのように達成するのか？
　・ナニ（ヒト、モノ、情報、カネ）を用いて達成するのか？
　・達成できる確率は？

・達成できなかった場合の処置は？
などを確認してください。
　この中でも一番重要な項目は
　　　　　　　・どのように達成するのか？
です。
　このことが正に実施計画であり、
　　　　　　目的達成のための具体的なプロセス
となるのです。
　この"目的達成のための具体的なプロセス"さえ、しっかりしていれば、目的達成の確率は非常に高くなります。ということは、この"目的達成のための具体的なプロセス"が詳細であればあるほど良いことになりますが、ここで一つ注意点。
　目的達成のための具体的なプロセスをあまり詳細に求めると、申し出てきた社員としては、出鼻をくじかれ意気消沈する可能性があるのです。せっかく本人自らがやる気になり「ここまでやります！」という提案である「〇〇を達成します」と申し出てきたのですから、その気持ちを大切に扱いたいものです。
　社長や上司の中には、「詳細な計画を求めたくらいで意気消沈して目的を達成する気が無くなるくらいなら、最初から申し出るな！」と仰る方もいらっしゃるかもしれませんが、「社長にとって社員」、「上司にとって部下」は「厄介でわがままな子ども」くらいに考え、頭から否定しないことです。
　社長や上司の中にも頭から否定する方が結構いらっしゃいますが、そのような方にはダメ社長・ダメ上司の匂いがプンプンします。
　残念ながらヒトは生まれながらの性格で、「何事にも否定的なひねくれ者」が居ることは確かです。通常、そのような"ひねくれ者"は出世することも無く、結果、他人の上に立つことも少ないのですが、案外そのような"ひねくれ者"でも上司へのゴマすりが上手かった

り、たまたま二世、三世社長として人の上に立つことがあるので厄介なのです。それこそ、「ヒトは他人を変えられないので」そのような社長が仕切っている会社からは、「ご無礼のバス」に乗り遅れないように早めにご無礼したほうがよいのかもしれません（退職する）。

　また、社長や上司だけでなく、社員でも"ひねくれ者"モード全開ではなくても、とにかく否定的な社員は居ませんか？なんでも **But** で返す社員が。「でも、△△ですから」と。そのような社員は、まず、「○○を達成します」なんて申し出てこないので、「○○を達成します」と申し出てきた前向きな社員に対しては、多少、目的達成に向けての計画が甘くても少々寛大に接してあげてください。

　さすがにこのような甘い計画が過去から重なっていたり、会社全体のプロジェクトであれば非常に問題ですが。

　目的達成に向けての計画が甘い場合、その甘い計画を元に部下に達成させることも上司の重要な力量といえるでしょう。

　以上のことを通じて、「○○を達成します」と申し出た社員にPDCAとプロセス管理について理解させてください。

③ 管理者は、「C：Check：検証」だけすればよい？

　私自身、マネジメントシステムに専門的に関わってきて約20年ですが、マネジメントシステムが上手く回らない原因の殆どは、

　・Check が出来ていない

のです。

　これは、何も「PDCAを廻している」と認識していなくても同様なのです。

　そもそも、全てのことにPDCAがあることを理解してください。

　例１：本日の仕事
　　　P：本日のやるべきこと（仕事内容）を計画する

D：仕事を処理する
　　　C：仕事が計画通り出来たのか確認する
　　　A：確認した結果、改善の余地があれば次回のPに反映させる
例2：夕食を作る
　　　P：献立を考える
　　　D：夕食を作る
　　　C：美味しくできたのか食事後に確認する
　　　A：確認した結果、さらに美味しく作れることがあれば次回の
　　　　　Pに反映させる

　また、PDCAは5分で廻せることがあれば、ウン十年かけて廻すこともあります。前述の"例1"は一日で廻して、"例2"は2時間くらいで廻すことでしょうか。
　では、前述の例で一番欠けそうなことはどれでしょうか？
　多分「C」ですね。
　殆どの人は、検証をしないのです。その結果、改善や是正もしないのです（「A」をしない）。
　前述のごく当たり前の例二つのPDCAでも「C」が疎かになる可能性が高いのですが、業務上のPDCAの場合は、さらに「C」を実施しないことが多いのです。
　あなたは次のような経験はないですか？
　・プロジェクトの検証がなされないままフェードアウト
　・上司が部下に作業依頼するが検証をしない
この"上司が部下に作業依頼するが検証をしない"については、日々組織の中で頻発しており正にムダな労働時間や残業時間の原因となっています。
　例えば、課長が部下に「このような文書を作成しておいてください」と依頼した場合、課長は部下に依頼したことを忘れてしまったり、覚えていても依頼時より文書作成の重要性が下がったため、そのことに

は触れない。また、部下にしてみれば、文書は作成済みだが、課長に渡したところで、うるさいことを言われるのがうっとうしいのでそのままにしておく。要するに

言いつけっぱなし　と　やりっぱなし

状態ですね。当然、検証は出来ていません。

　これでは、良い仕事ができるはずがありません。

　今後は、全てのことに「C：Check：検証」を徹底してください。

　要するに上司は次のことを徹底してください。

　・自身がチェックを徹底する

　・部下にチェックさせることを徹底する

たったこれだけでも"言いつけっぱなし　と　やりっぱなし"を防ぐことが出来るのです。

　要するに上司は、「C：Check：検証」に80％の労力を費やし徹底的に実施するのです。この「その後、どうなったのか？」を確認することを徹底すると、部下も「上司から必ずチェックが入る」という意識が植えつけられ、作業をいい加減に処理することが無くなり、期限を守るようになるのです。

　そして次が重要なのですが、上司が検証を徹底し、部下もそのことを深く認識した結果、

そもそも重要性の低い作業やムダな作業、
成果の見込めないプロジェクトを
実施しない組織風土となる

のです。

　正に、その作業やプロジェクトを実施する根拠はナニか？という着眼点が浸透するのです。

　可能であれば、目的や目標達成に向けて取り組む場合、「目標達成シート」などを会社で様式を標準化して作成しておくと良いでしょう。

因みにこの手法は「○○を達成します」と社員の方からの申し出が無くても、全社的に各従業員に対して活用できる手法です。

　以上、本章の１項から３項では、社員からだまされるバカ社長にならないための施策を説明してきましたが、実は、本項の内容は「またダマされるバカ社長」として一冊執筆したかった内容です。
　今回は、その内容を抜粋して説明しました。

4 従業員に要求する人物像を明確にする

　自社の「人材」を徹底的に磨くためには、会社が従業員に要求する力量を具体的に明確にする必要があります。
　この概略については、第１章の３項の"人材の徹底活用"でその従業員が身に付けるべき力量を会社が明確にすべきと説明しましたが（会社は従業員ごとに要求力量のハードルを設定する）、ここでは、もう少し別の角度で考えてみましょう。

○会社や社長はどのような人間性の人材が欲しいのか？

　適切に業務処理するうえで従業員に要求する力量については説明済みですが、今後、
・会社を背負ってもらうために
・重要な幹部になってもらうために
などの多少抽象的ですが、想いのこもった人材像を想定して、要求力量を設定して頂きたいのです。
　このことから、ここでは、該当人材の「力量」というより「考え方」、「性格（キャラクター）」及び「人間性」とした方が適切なのかもしれません。
　その人が持っている「性格（キャラクター）」や「人間性」で処遇を決めることの妥当性についてはここでは持ち出しませんが、将来会

社を任せるために必要な「性格（キャラクター）」や「人間性」ということであれば問題ないでしょう。

では、具体的にどのようなことが求められているのでしょうか。ここでは、あくまで一般論として幾つか洗い出してみましょう。

・リーダーシップが取れる
・勤労意欲が高い
・考え方が前向きである
・気配りができる
・人間的に信用できる
・協調性がある
・意図的に嘘をつかない
・打たれ強い
・他人の痛みが解る
・責任感が強い

など、洗い出したらきりがありませんのでこの辺にしておきますが、会社として、現社長として、今後、自社を託すかもしれない人材にどのような人材が適切であるのかを明確にすべきなのです。

そして、私が思う何よりも重要なことは

・品のある行動

これに尽きます。

大変残念ですが、世の中には、外観上の体裁が整っていても「下品な組織」「下品なヒト」が存在します。

このことは、大企業でも中小企業でも、民間組織でも公的組織でも、ヒトであっても全てが該当します。

品の無い振る舞いが日常の企業には、品の無い人材が集まります。

品の無い振る舞いがどのような振る舞いなのか、ここでは説明しませんが、もうみなさん十分に理解していると思います。

第4章　人材確保のために、自社の「人材」を徹底的に磨く

今後、自社を託すかもしれない人材について要求すべき人間性を明確にしたところで、一つ注意点があります。それは、明確にした〝人間性〟に当てはまらない人材を排除しないことです（品の無い人間性の方は論外ですが）。疎ましく思わないことです。仮に、会社や社長が欲している人材として、

**人間的に信用でき、リーダーシップが強く、
責任感が強く、何事にもポジティブにとらえられる人材**

とした場合、前述の人材は次期社長を任せるには申し分ないのでしょうが、次期社長の参謀としては前述の人材以外にも必要な人材が居るということを忘れないで頂きたいのです。例えば

性格は細かく、ネガティブ思考な人材

であっても、経営陣の暴走を止められる有能な人材かもしれません。

このように明確にした〝人間性〟を持ち合わせていなくても、会社にとって必要な人材は多数存在し、社長から視てどうにも好意を抱けない人材であっても人間性を否定するような扱いは厳禁であることを認識してください。ただ、人間性が信用できない（不正があった）、意図的に嘘をついた……などの下品な行動は対象外であることはいうまでもありません。

今後、会社の中枢を担ってもらいたい人物像を明確にしたら、積極的に社内に周知しましょう。そうすることにより、その人物像に合致した人材が集まり、育成されていく近道となります。しかし、ここでも明確にした〝会社の中枢を担ってもらいたい人物像〟以外の人物像の従業員についても会社として必要であることのメッセージを挿入することを忘れないでください。

5 「就業規則」を徹底活用できるのか？

自社の「人材」を徹底的に磨くためのツールとして活用して頂きた

いものは「就業規則」です。

　あなたの会社では「就業規則」は周知されていますか？

　「就業規則」の内容については周知しなくてはならないのですが、この"周知"がなされていない組織が多々見受けられます。

　「就業規則」が組織内に周知されていない私が遭遇した多くの理由は、「有給休暇の存在を従業員に知らせたくないから」です。

　確かに所定休日以外に一年間当たりの最高有給休暇日数を20日も与えることは経営者にとって抵抗があることは、規模の違いはありますが同じ経営者として理解できます。

　ただ、「就業規則」を隠したところで、有給休暇について、殆どの従業員は存在を認識しており、隠すことはほぼ不可能と思います。

　ですから、有給休暇を隠すのではなく、自分勝手に有給休暇を取得しない組織風土の構築を進めるべきでしょう。

　有給休暇取得には、使用者側に時季変更権がありますが、この時季変更権は「正常な事業の運営を妨げる場合」にのみ行使できるため、小規模組織でない限り行使は困難と考えられます。

　とはいえ、いきなり従業員全員が有給休暇を自分勝手に取得しない組織風土の構築は困難かもしれませんし、経営層にとっての有給休暇へのアレルギーはそう簡単に払拭されませんので、その一点のために「就業規則」の周知に踏み切れないのであれば、「就業規則」への有給休暇の規定内容を工夫することが可能ですので、その規定方法を行うべきでしょう。

　では、「就業規則」を自社の「人材」を徹底的に磨くためのツールとして活用するためにはどのようにすべきでしょうか。

　一般的に「就業規則」とはどのような文書であるかというと、
・会社と従業員が守るべきルールを規定した文書
・会社や従業員の義務を明確にした文書
・労働条件を規定した文書

第4章　人材確保のために、自社の「人材」を徹底的に磨く

などでしょうか。

では、「就業規則」について、第3章の4項の"5つの顧客要求を明確にする"で説明した、"自社はナニ業か？"の着眼点を流用し、
　　　「就業規則」とはどのようなツールなのか？
を考えてみましょう。

この本で私が考える「就業規則」とは、
　　良い組織風土を実現して顧客に喜んでもらうために、
　　組織として従業員に参加・協力してもらうための文書
です。

「就業規則」とは、もちろん労使双方の義務を規定した文書であることに変わりはありませんが、このように着眼点を変えることにより「就業規則」への規定内容が変わり、「就業規則」を徹底的に活用することが出来るのです。

では、具体的にどのような内容にしていけばよいのでしょうか。それは、
　　　　良い組織にするためにやるべきことを規定する
です。

通常、マネジメントシステム運用のために作成する「マニュアル」には、良い組織にするための実施事項が規定してあります。その内容と融合させればよいのです。その場合、該当のマネジメントシステムの「マニュアル」を一次文書にするのか、「就業規則」を一次文書にするのかは組織の実態により異なります。

> この「一次文書、二次文書云々……」は、文書管理の仕組みを構築するうえで基礎中の基礎であり、文書管理自体も非常に重要なことですが、この本はマネジメントシステムの専門書ではありません

ので説明は控えます。詳しくお知りになりたい方は、マネジメントシステムの専門書を活用してください。

　現在、発行されている良い組織にするためのマネジメントシステムの主な種類は以下の通りであり、ごく簡単に説明しておきます。
　　MS＝マネジメントシステム
　　・品質MS：自社が製造や提供している製品やサービスの質を
　　　　　　　向上させ、顧客満足を得るためのMS
　　・環境MS：環境保全を実現するためのMS
　　・食品MS：食の安全を実現するためのMS
　　・情報セキュリティMS：保有している情報を守るためのMS
　　・道路交通安全MS：重篤な交通事故を防止するためのMS
　　・エネルギーMS：エネルギーの消費を抑えるためのMS
　　・労働安全衛生MS：労災事故を防止するためのMS

　一般の中小企業では、マネジメントシステムに取組んでいない組織も多々あると思いますが、その場合でも"良い組織にするためにやるべきこと"を「就業規則」に組み込めばよいのです。
　要するに、常時従業員10人以上の労働者を使用する使用者は法的に作成義務のある「就業規則」について、
労使関係のルールだけではなく
組織を良くするための文書として徹底活用する
ことが、自社の「人材」を徹底的に磨くことに活用でき、顧客満足を獲得することが出来るのです。
　では、おおまかな手順を視てみましょう。
　①自社内の作業手順や業務遂行方法の手順書や規定を洗い出す
　②顧客等の外部から提供された自社が使用している文書を洗い出す
　③業務を遂行するうえでやるべきことを洗い出す

④何かの目的を達成するためにやるべきことを洗い出す
⑤"①②③④"で洗い出した内容の中から「就業規則」に挿入すべき内容を決定する。
⑥"⑤"で決定した内容について「就業規則」自体に入れこむのか、本文の中で他文書への展開を示唆した内容を盛り込むのかを決定する。
⑦"⑤"で決定した内容を"⑥"で決定した手法により、「就業規則」に反映させる。

通常、「就業規則」を作成する場合は、次のうちどちらかの手法で作成すると思われます。
　A　社会保険労務士に相談して作成する
　B　労働基準監督署などの行政機関配布の「就業規則」のひな形を入手し、該当箇所を自組織の内容に書き換え作成する
　この二つのうち、お勧めできないのが"B"です。
「なぜ、役所が作成したひな形を使用することがお勧めできないのか？」と疑問をお持ちになることはもっともですが、そもそも、役所が作成している「就業規則」のひな形には法令上全く問題が出ないように労働者側に有利に作成されていることが殆どであり、その内容でそのまま提出することは、「当社はこの内容で労使関係を運用していきます」というコミットメントを労働基準監督署に宣言したことになります。
　就業規則には
　・絶対的記載事項：必ず記載すべき事項
　・相対的記載事項：制度が存在する場合、記載すべき事項
　・任意的記載事項：記載内容が自由な事項（但し、公序良俗や法令に違反した内容は除外）
があり、例えば、「休職制度」については、相対的記載事項であり、

休職制度が存在しなければ「就業規則」への規定は不要なのですが、ひな形に「休職制度」が記載してある場合は、「自社も休職制度を記載しなくては」とばかりに、労働者にとって相当有利内容の「休職制度」を決定し、その内容を「就業規則」に規定してしまうことがあります。このように「就業規則」へ労働者にとって相当有利な内容を規定してしまった場合は問題です。

　労働者にとって「就業規則」の規定内容を変更することは、通常、不利益変更に該当する場合が多く、「就業規則」の不利益変更は合理的事由が存在しない限り困難なのです。

　また、行政機関配布の「就業規則」のひな形を使用する場合、前述の説明とは異なりますが、規定内容に詳細な説明が加えられていたり、具体的な規定内容欄が空白になっており、「具体的規定内容を自組織で決定してください」という意図のひな型が存在するのですが、それはそれで判断が難しく、行政機関配布の「就業規則」のひな形を入手はしたものの、作成方法が判らず、そのまま放置してしまう企業を散見します。

　「就業規則」を作成する場合、"A"の"社会保険労務士に相談して作成する"をお勧めします（若しくは労働関係専門の弁護士、以下同様）。

　社会保険労務士は、「就業規則」の作成経験が豊富で最新の情報を入手している場合が多いので、その最新の情報を元に当該組織に合致した「就業規則」を作成することが可能なのです。ただ、一つ注意して頂きたいことは、「就業規則」作成の専門家である社会保険労務士に作成を依頼したとしても、労働関係法令や労使関係上、完璧な「就業規則」の作成は無理なことです。

　なぜなら、労働関係法令や労使関係上の解釈は一枚岩ではなく、様々な見方・着眼点があり、かつ、裁判所の判決も日々出されているからです。例えば、今までの判例をすべて反映した「就業規則」を今日の13時に作成したところで、15時には別の会社の判例が出されるこ

第4章　人材確保のために、自社の「人材」を徹底的に磨く

とがあるのです。このことは極端な例かもしれませんが、実際にはあり得ることであり、「就業規則」も適切な文書管理対象の一部であり、文書の更新やレビューが必要なのです。

マネジメントシステムを適切に運用している組織であれば、殆どの社内文書の更新やレビューについて仕組み通りに運用されているのですが、「就業規則」については、何年も改訂されていない場合がよくあります。ヒドイ場合には、作成日付や最終改訂日が昭和の「就業規則」にお目にかかることもあり得るのです。

「就業規則」を"A"の"社会保険労務士に相談して作成する"で行う場合でも、作成の丸投げは避けるべきです。

一般的に社会保険労務士に「就業規則」の作成を依頼する場合の手順として、

①社会保険労務士による、組織の現状のヒアリング

②現状から改定すべきこと、新しく決定すべきことの決定

③"①②"を反映した「就業規則（案）」が提示され、社内で確認
　（場合によっては、説明会の実施）

④"③"で変更箇所があった場合は変更し、なければ完成

ざっと、こんな感じではないでしょうか。

ただ、出来る限りこの作成手順は避けるべきです。その理由として

・作成を依頼した社会保険労務士が保有している「就業規則」のひな形の内容がほとんど反映された一般的な内容になってしまう。：自社の状況の反映が少ない→組織から視た良くないこと

・組織から社会保険労務士へ、「就業規則（案）」への回答はいつまでたっても返事が来ない→社会保険労務士から視た良くないこと

それでは、社会保険労務士に「就業規則」の作成依頼をする場合、どのような手法で依頼すべきなのでしょうか？それは、

「就業規則」をその場で作成する

147

です。"「就業規則」をその場で作成する"とは、イメージが湧かない方もいらっしゃると思いますが、以下の手順です。
　①「就業規則」作成に関わるメンバーを選定する
　②"①"で決定したメンバーと社会保険労務士が一堂に集まり、その場で「就業規則」を作成していく。

　もう少し具体的に説明を加えますと、「就業規則」を作成するために必要な組織のメンバーとして、社長、総務担当、一般社員等で構成された3名～8名のチームを造ります（このメンバーには「就業規則の意見書」に意見を記載する労働者代表予定者を含めてください）。

　このチームに社会保険労務士が加わり、社会保険労務士が作成した「就業規則」のひな型をプロジェクターに映し、読み合わせをしていき、その場での決定事項を社会保険労務士（若しくは補助者）がパソコンにダイレクトに打ち込んでいくのです。

　このような「就業規則作成プロセス」を活用することにより、その場で内容が決定でき、疑問点の解消が出来るのです。中には、その場で決定できずに、次回までの決定事項になる場合がありますが、それは仕方のないことです。

　ただ、この手法を嫌がる社会保険労務士も居るようで、依頼する場合は事前に合意しておくべきでしょう。

　私が主宰する社会保険労務士事務所も以前は、組織の現状のヒアリングから始まり、「就業規則（案）」を提示し内容を確認してもらう手順で実施していたのですが（社内説明会実施の場合もある）、私自身が、マネジメントシステムコンサルティングの際の「マニュアル」作成で、顧客企業に出向き、直接、パソコンに打ちこみ作成していく手法を活用したことで、「就業規則」の作成も同様の手法を採用しています。

　以前の話ですが、実際、私が主宰する社会保険労務士事務所の顧問先社長から毎年同時期に「就業規則を作成したいので相談に乗って欲

しい」と依頼が有り、顧問先企業に出向き、ヒアリングし、「就業規則（案）」を作成し、社長に提出して内容の確認をしていただくところまでは行くのですが、社長もついそのまま「就業規則（案）」を放置し、一年近く経ち、また、翌年の同時期に「就業規則を作成したいので相談に乗って欲しい」と同じ要望を頂くことが数年続いたことがあり、「就業規則」の初版を発行するために数年費やしたことがありました。

　この社会保険労務士が"「就業規則」をその場で作成する"手法の場合、「相当な時間がかかるのでは？」と心配される方もいらっしゃいますが、決してそのようなことはなく、組織の規模、内容及び出席者により異なりますが、

一回（三時間）×２回～６回

で終結しますので、この本をお読みのあなたの組織が「就業規則」を新規に作成したり、見直す場合は、この手法を社会保険労務士に提案してみてください。

　ここで「就業規則」に規定する内容を再掲します。
・絶対的記載事項：必ず記載すべき事項
・相対的記載事項：制度が存在する場合、記載すべき事項
・任意的記載事項：記載内容が自由な事項（但し、公序良俗や法令
　　　　　　　　　に違反した内容は除外）
　自社の「人材」を徹底的に磨くためのツールとしての「就業規則」には、

良い組織風土を構築し従業員満足を実現し、
顧客満足を高めるために
従業員が参加・協力して具体的にやるべきことを規定する

のです。
　このことを"任意的記載事項"（記載することにより、相対的記載

事項となる場合あり）に記載すればよいのです。
　実際は、
　　・組織を良くするため
　　・目的を達成するため
などの手順を規定することは説明済みであり、様々なマネジメントシステム関連文書を参考にすることも前述した通りです。
　ただ、「就業規則」に規定すべき、内容のヒントを業種別に以下に示します。
　①建　設　業：・労災事故を防止する手順
　　　　　　　　・不良施工を防止するためにやるべきこと
　　　　　　　　・評価点数をアップの施策
　　　　　　　　・公共工事の創意工夫項目加点に向けたやるべきこと
　　　　　　　　・適正積算の手順
　　　　　　　　・施工計画立案の手順
　　　　　　　　・施工管理の手順
　　　　　　　　・環境に優しい施工について
　　　　　　　　・民間住宅建築の見込み客獲得手法　　などなど
　②運　送　業：・交通事故・荷役事故削減のためにやるべきこと
　　　　　　　　・点呼の実施方法
　　　　　　　　・日常点検の実施方法
　　　　　　　　・ヒヤリハット討議方法
　　　　　　　　・デジタコランクアップ手法
　　　　　　　　・ピッキングの手順
　　　　　　　　・エコドライブ、マナーアップドライブ手順
　　　　　　　　・法定11項目社内教育について
　　　　　　　　・ハザードマップ作成手順　　などなど
　③製　造　業：・改善活動積極参加の手順
　　　　　　　　・生産性向上提案について

第4章　人材確保のために、自社の「人材」を徹底的に磨く

　　　　　　　　・不良率削減提案について
　　　　　　　　・生産計画立案手順
　　　　　　　　・生産管理手順
　　　　　　　　・原材料受入手順
　　　　　　　　・検査手順
　　　　　　　　・緊急事態対応手順
　　　　　　　　・不良品発生時の対応手順　　などなど
　　④サービス業：・オペレーション策定手順
　　　　　　　　・顧客満足提供について
　　　　　　　　・接客手順
　　　　　　　　・○○開発について
　　　　　　　　・クレーム対応手順
　　　　　　　　・再発防止手順
　　　　　　　　・新規顧客開拓手順
　　　　　　　　・環境保全手順
　　　　　　　　・外国人対応について　　などなど

　以上は、ほんの一部の例ですが、他にも目的達成ためにやるべきことや、社長が従業員にして欲しいことを規定しても良いでしょう。
　また、このように良い会社になるために実施すべきことはもちろん、服務規律に規定する内容について一つ意識して頂きたいことがあるのです。その規定内容は

　　　　・**自社のための規定なのか？　顧客のための規定なのか？**
のどちらなのでしょうか？
　この着眼点は"自社のための規定"を排除するためではなく、「就業規則」に"顧客のための規定"が増えることにより、
　　　　　　　より良い企業になるための文書＝「就業規則」
と位置付けるためのバロメーターになります。
　例えば、「タトゥー禁止」について規定する場合、自社の目線なの

か、顧客の目線なのか。
　・自社のため：日本では「タトゥー＝反社会的なイメージ」がある
　　　　　　　　ため反社会的な可能性のある人材を雇用したくない
　・顧客のため：顧客が不愉快な思いをしないため
　この場合、自社目線に立つと採用する人材は身体のどの部位であってもタトゥーをしていることで採用を控える可能性が高く、顧客目線に立つと身体の通常みえる部位でなく、過度なタトゥーでなければ黙認ということが想定されます。
　また、運送事業者における交通事故防止の安全対策について「就業規則」に規定する場合、
　・自社のため：交通事故を防止することにより会社の利益が増え、
　　　　　　　　社会的イメージも保てる
　・顧客のため：
　　　荷主：荷物の遅配や破損が防げる
　　　その他の道路利用者：被害者になる可能性を排除できる
　　　　　　　　　　　（人命が守れる）
と、自社と顧客の両方にとって良いことですが、自社の会社の利益よりも人命の方がはるかに重いため、運送事業者における交通事故防止の安全対策について「就業規則」に規定することは顧客のためであることが一番といえます。

> 　マネジメントシステムでは、「顧客」の定義として、お金を支払ってくれる組織や人に限定せず、エンドユーザーや使用者も含めています。最近では、「利害関係者」とすると解り易いでしょう。

　「就業規則」は、労使の問題が発生した場合に役立つ文書の位置づけもあるので、"自社のための規定"を盛込むことに何ら問題はありませんが、それだけでは"想い"のこもらない
　　　　　　　「〇〇してはいけない規定」

で終わってしまいます。せっかく作成する「就業規則」を徹底活用するためにもこの着眼点を覚えておいてください。

以上、自社の「人材」を徹底的に磨くためのツールとして「就業規則」について説明してきましたが、このように「就業規則」を改訂して、新しい規定内容を入れこむことについて、

不利益変更にならないのか？

と心配される方もいらっしゃるかもしれませんが、そもそも、許認可業者が法令で要求されていることを実施するための規定（運送業であれば、車両点検や点呼の実施）や、会社を良くするために当然のごとくやるべきことを規定するのですから不利益変更には該当しないでしょう。但し、幾ら顧客のためであっても公序良俗や法令に違反した内容を規定することは許されません。

本項についても、詳細に説明すると一冊の本が執筆できてしまうのでこの辺にしておきます。

6 「従業員満足」をどのように実現するのか？

「従業員満足」について、第3章の9項で説明済みであり、決して、「この会社最高！」と言う意味ではなく、「不満が無い状態」であることを説明しました。

では、この従業員が「不満が無い状態」をどのように実現するのか。

逆に、従業員はどのようなことに不満を感じているのか？

一般的に従業員が会社に対して抱く不満は、大企業と中小企業で次の二つであると考えられます。

①自分への処遇に関する不満：主に大企業
②社長をはじめとする経営層や上司への不満：中小企業

また、第1章の7項では、新卒者が就職の際、気にする情報として
・3年以内の離職率

・平均勤続年数
　・有給休暇取得率
　・産休や育休制度の利用率
であることを説明しました。そして、中途採用者が転職の際、気にすることは、
　・前職との比較
とも説明しました。
　これらについて、「従業員が感じる不満」と関連付けて考えてみます。
　まず、プロセスと結果で区分してみると
　・3年以内の離職率：結果
　・平均勤続年数：結果
　・有給休暇取得率：プロセス
　・産休や育休制度の利用率：プロセス
　このことから、有給休暇が殆ど取得できなかったり、産休・育休制度が無いことが3年以内の離職の一つの原因であり、結果、平均勤続年数が短くなるのです。
　また、リクルートが運営している転職サイトである「リクナビNEXT」には、「退職理由のホンネランキング」が掲載されており、そのランキングは以下のとおりとなっています。
　1位：上司・経営者の仕事の仕方が気に入らなかった
　2位：労働時間・環境が不満だった
　3位：同僚・先輩・後輩とうまくいかなかった
　4位：給与が低かった
　5位：仕事内容が面白くなかった
　6位：社長がワンマンだった
　7位：社風が合わなかった
　7位：会社の経営方針・経営状況が変化した
　7位：キャリアアップしたかった

10位：昇進・評価が不満だった

以上のことから不満が次のように分類できると思えます。
　①**自分への処遇に関する不満**：主に大企業
　　　4位：給与が低かった
　　　7位：キャリアアップしたかった
　　　10位：昇進・評価が不満だった

　②**社長をはじめとする経営層や上司への不満**：中小企業
　　　1位：上司・経営者の仕事の仕方が気に入らなかった
　　　6位：社長がワンマンだった
　　　7位：社風が合わなかった

　また、前述の「リクナビNEXT」では、「退職理由のタ・テ・マ・エ・ラ・ン・キング」も掲載されており、その3位に"労働時間・環境が不満だった"が挙がっています。このことからも"労働時間・環境"についての問題は、退職の正当な理由と捉えられており、併せて同理由は、「退職理由のホンネランキング」にも2位に挙がっています。
　要は、労働時間・環境への不満は「従業員満足」を得るための重要事項であり、かつ、新卒者が気にする情報の"有給休暇取得率"が長時間労働の職場では取得し難い現実を考えると従業員が会社に対して抱く不満の第三の柱として、
　③**長時間労働、少ない休日への不満**
が挙げられることになります。
　そして、中途入社の場合、以上三点を前職と比較することになり、前職よりも劣っていた場合、強烈な不満となります。
　でも、よくよく考えると本来、入社後に前職との待遇を比較しなくても、入社を検討する時点で比較すればよいのですが、なぜ、入社後

に比較する必要があるのでしょうか？これはもうみなさんお分かりだと思いますが、入社時の情報に偽りや過大表現があるということです。

最近では、ハローワークの「求人票」への記載は厳格になり、真実に近い情報が掲載されるようになりましたが、それでも実態との相違が指摘されています。

私もマネジメントシステムの監査等で企業にお邪魔する際、前もって当該企業のウェブサイトで業務内容や会社概要を確認していくのですが、求人募集が掲載されている場合はその内容についても確認していきます。そして、監査の場で実態が判明すると、ウェブサイトに掲載の求人募集の内容と実態が大きく相違していることが判り、非常に問題といえましょう。

このことから、中途採用者の場合、入社してもらう時点で会社への不満を持たれることが明確な案件が存在しているにも拘らず、企業側は特に対策を打っていないのです。

企業側の言い分としては、「本当の待遇を記載してしまうと求人募集への応募者が現れないから」だと思いますが、待遇の乖離の程度が大きい場合は問題でしょう。もちろん、応募者も新卒でない限りある程度の待遇の乖離は予測済みなのかもしれませんが、その待遇の内容が

・給与の乖離
・休日の乖離

の場合は、大きな不満となり退職の原因となる可能性大です。

以上、前述の説明を元に従業員が抱く会社への不満について並べてみましょう。

①自分への処遇に関する不満：主に大企業
②社長をはじめとする経営層や上司への不満：中小企業
③長時間労働、少ない休日への不満：全ての企業

では、これらの不満をどのように軽減して「従業員満足」を実現し

ていくのかを考えてみましょう。

「①自分への処遇に関する不満」に対して
　一口に従業員への処遇と言ってもいくつかあり、不満の主な処遇として
　・評価
　・昇進、昇格
　・希望職種に就けない
　・給与
と考えます。
　これらをプロセスと結果に分けると
　・評価：プロセス
　・昇進、昇格：結果
　・希望職種に就けない：結果
　・給与：結果
　要するに、人事評価で良い評価を受けることにより、昇進、昇格が行われ、場合によっては希望職種に就き、希望部署に配属され、結果、給与が昇給するといえます。
　重要なことは、
人事評価で良い評価を受けること
ですね。
　しかし、この人事評価で良い評価が受けられないのです。
　なぜなのか？
　但し、ここでは、次のような方は対象外で論外です。
　・客観的に視て誰からも評価されない従業員
　・ブラックな従業員、品の無い振る舞いをする従業員
や、第1章の9項で説明した、
　・どうせ俺なんかこんな会社しか雇ってくれない

・他にやることないからここに居る

のような

「猜疑心の塊・卑屈従業員」

このどうしようもない従業員は論外として、ここで対象とする従業員は、

本来は適切に評価されるべき従業員

を想定しています。このことは特に優秀な上位10％の従業員のことだけを指しているのではなく、ごく一般的な従業員も対象にしています。

では、この"ごく一般的な従業員"が適切に（場合によってはそれなりに）評価されるためにはどうすればよいのでしょうか。

その前に大前提として、一つの常識を認識しておいてください。

それは、

ヒトは自己評価が高い人が70～80％

という事実です。

要するに、100点満点中で他人からの客観的な評価が60点であったとしても、自己評価は80点なのです。その点数差が広がるほど厄介な人材になり、「誰も俺のことを解ってくれない」と思うようになると前述の「猜疑心の塊・卑屈従業員」となってしまうのです。

ですから、70～80％の従業員に対しても自己評価だけではなく、自分の立ち位置を理解させなくてはなりません。では、なぜ、

・自己評価が高いことに気が付かない

のでしょうか？また、

・有能な人材に対して適切な高評価ができない

のでしょうか？それは、

　A　客観的な評価基準が無いこと

　B　組織が各従業員に要求する具体的な力量が不明確なこと

の2点です。

"B"については、第1章の3項の"・該当人材に会社が要求すべ

き能力のハードル"で説明済みですからそちらを参照してください。
　では、"A客観的な評価基準が無いこと"について説明します。
　私自身、マネジメントシステムの監査として数百社の評価制度に触れてきましたが「客観的」「具体的」と言いながら、内容的には程遠い評価基準が殆どでした。
　そのことを念頭に私自身が評価制度の構築や改定にあたる場合は、当該組織の業務内容をしっかり把握したうえで「客観的」「具体的」な基準を構築してきました。
　人事制度構築のコンサルタントで「客観的」「具体的」が重要であることを認識されている方は非常に多いのですが、そもそも、当該組織の業務内容が把握できないことには「客観的」「具体的」な基準策定の指導は難しいと感じます。
　私も人事制度の指導を始めたころは指導を実施する組織の業種について十分に理解することが出来ずに、指導していた経験があります。
　その時は、指導対象組織の業種に詳しくなくても人事制度の構築指導にはそれほど関係ないと思っていましたが、数多くの人事制度導入失敗企業から相談を受けた結果、失敗の原因はコンサルタントがほぼ一方的に作成した人事制度をそのまま導入したことによる失敗が殆どでした。当該コンサルタントも人事制度構築コンサルタントとしての力量がある方だと思うのですが、その企業や業種にドップリ浸かった訳ではなく、数時間のインタビューを元に策定した人事制度ですから、当然汎用性が高く、抽象的な内容であり、その企業独自の内容ではないのです。
　そこで、人事制度構築コンサルタントとしては実際に企業に出向き、企業の従業員で構成されたプロジェクトチームに対して人事制度の構築を一緒になって指導していくのです。私もその手法を取っていました。しかし、この方法というか、指導する立場であるコンサルタントに問題があることに気が付きました。それは、前述したとおり

指導対象組織の業種の知識が乏しい

ということです。

　人事制度構築コンサルタントが指導対象組織の業種の知識についてエキスパートになる必要はないのですが、次の業種で次の文言を知らないことは問題ないのでしょうか？

　・製造業：QC、歩留まり、変化点、VE、二者監査
　・建設業：施工計画書、段階確認、現場代理人、施工体制台帳
　・運送業：点呼、運行管理者、改善基準告示、よこもち

など。

　私自身、ここまでひどくはないのですが、20年位前まで指導対象業種のことをよく理解せずに指導していたことを恥ずかしく思います。その後、幸いなことにマネジメントシステムの世界にドップリ浸かり、800回を超える監査経験から殆どの業種のプロセスに触れることが出来、評価制度構築のためのバックデータ的な知識の蓄積ができ非常にありがたく思っております。

　ただ、幾ら自社の状況を理解したコンサルタントがプロジェクトチームに加わり、人事評価制度を構築したとしても100点満点の評価制度の構築は困難であり、70点の評価制度であっても成功と言えることを理解してください。例えば50名の従業員数の企業で50名全員が納得できる評価制度の構築は不可能であり、30名〜40名が納得できる評価制度であれば成功と捉えてください。仮に35名が納得できるのであれば、この35名を36名に、36名を38名に、38名を40名に増やしていく努力が必要です。但し、この"30名〜40名"の中には、必ず、自ら考えて行動できる全体の10％の従業員が納得していることが必要です。

　また、絶対やってはいけない評価は次のことです。

A　働いた時間数で評価する
B　なんとなく評価する

第4章　人材確保のために、自社の「人材」を徹底的に磨く

（なんとなく＝好き嫌いや仕事とは関係ない発言・行動）
C　自分の好きな従業員が高評価を得る内容の評価制度にする

　"A"については、適正な評価軸を持たない無能な組織や上司が客観的数値である労働時間数や残業時間数で評価するという無能な評価です。ただ、労働時間数や残業時間数は考え方によっては客観的数値ではなく、そもそも、長時間労働や多くの残業を実施している従業員は

　・他の従業員より多くの仕事を処理しているのか
　・能力が低く業務処理時間が多く必要なため

のいずれかであり、前者の場合は高評価を与えても良いのですが、その場合でも特定の従業員に仕事が集中すること自体、組織に問題があると思われます。後者の能力が低いために業務処理時間が多い従業員に高評価を与えることは通常考えられないのですが、そのような従業員に限って、自分の能力の低さをオブラートに包み隠すことが上手で上司はまんまと引っかかってしまい、「いつも長時間働いて大変だなぁ」と適正な評価軸を持たない無能な組織や上司は高評価を与えてしまうのです。

　"B"のなんとなく評価は、評価者が無能なだけで罪が無いように思えますが、実は、

　・人間性や性格の好き嫌いが評価に影響している
　・勤務時間以外の振る舞いや発言が評価に影響している
　・自分を慕ってくる部下に高評価を与えている

など、非常に問題のある評価が考えられます。

　"C"については、人事制度の構築をコンサルティングする場で遭遇することがあるのですが、自分の可愛がっている部下の長所を客観的評価基準の高評価項目に設定してしまう場合です。例えば、自分が可愛がっている部下の性格として

　・積極的に仕事を処理していくわけではないが、控えめでまじめに

161

コツコツと一生懸命仕事を処理していくタイプ
の場合、業務姿勢（勤務態度）の信頼性評価の内容で、
　・大風呂敷を広げず着実に仕事を処理していく
ことを高評価するための評価項目を逆算して策定する場合があります。
　このような事例はよくあるため、私が指導に入った場合で、評価内容を決めているとき、管理職に対して次のような少々意地悪な？質問をすることがあります。
　「誰かを想定して評価項目を策定しようとしていないですよね？」と。そうすると、「えっ？」と、少々びっくりした顔をされる管理職の方が結構な数、いらっしゃるのです。確かに、職能資格等級や評価項目を策定する場合、特定の従業員をモデルに策定することはあるのですが、間違っても自分が好きな部下や自分を慕ってくる部下をモデルにしないことです。
　仮にこのような評価を実施すると、他の従業員から視ると、えこひいき以外の何物でもなく、組織に対する不満となり、結果、自分に対する処遇への不満となるのです。

　以上、"①自分への処遇に関する不満"に対しては、客観的に評価することが比較的容易な人事評価制度の導入が有益と考えられます。
　評価制度については様々なアプローチがあり、ここでは詳細説明は控えますが、本章の11項の"「最強人事制度」と「最短人事制度」"でもう少し説明を加えます。

「②社長をはじめとする経営層や上司への不満」に対して
　第2章の7項に"創業社長は素晴らしい方も居るが、問題社長もたくさん居る"と説明しました。
　確かに中小企業の社長の中には「私が法律だ」と言わんばかりの時代錯誤な横暴社長が居ることは事実です。ただ、そのような社長が実

権を握っている会社に入社してしまった場合、従業員側からの行動は次の三つしかありません。
　A　我慢する
　B　代替わりするまで我慢する
　C　転職する
　中小企業の横暴社長に対して不満を持っている従業員から視て、その社長の人間性を変えることはまず無理なので、その横暴社長が社長を退くまで我慢するか、転職するしかありません。
　そして会社側から視ると、横暴社長が権力を振り回している会社に勤務する従業員の満足を実現するためには高い給与しかありません。ですから、カネで釣ることが出来なければ従業員満足は原則あり得ないのです（"原則"と書きましたが、過去の関与先企業で、問題あり？と思われる方法で従業員満足を実現しようとした会社がありました。内容はとても書けませんが）。
　この"カネで釣る"ことで従業員満足が獲得できたとしても、所詮カネで釣られた従業員ですから人間的に信頼できる従業員は僅かでしょう。もちろん、従業員のやる気やモチベーションの要因の一つとして高給であることは重々承知しておりますが、それは、「適正な仕事を実施したうえでの適正な対価としての高給」と言う意味であり、高給だけで釣られてくる従業員に"信頼"という期待をすること自体が難しいでしょう。
　以上、"社長をはじめとする経営層や上司への不満"に対してはどうすることもできないという結論が見えてくると思われます。
　でも、チョット待ってください。
　不満の原因が「社長や経営層」であるのなら、対策を施せる立場の人も「社長や経営層」なので、実は簡単に対策を打つことが出来るのかも知れません。
　第1章の9項で「ヒトは他人を変えられない」と説明しましたが、

自分で変わろうと思えば変えられることも説明しました。
社長！あなたは自分を変えられますか？
　社長の一部の振る舞いや言動を変えることにより、「従業員満足」が実現できるのであればこんなに簡単なことはありません。しかもタダです。

　ただ、闇雲に変える必要はありませんので、先ずは、従業員が会社、経営層及び上司にどのような不満を抱いているのかを調査する必要があります。まずは現状把握ですね。そして、その不満の原因や根拠を明確にしてください。出てきた内容には、バカバカしい内容や対策を施せない内容もありますが、先ずは現状把握してください。

　ここで誤解して頂きたくないことは、詳細な「ESサーベイ」等を実施する必要はなく、簡単なアンケートで十分です。また、誰が不満を持っているのか？誰がこの不満を書いたのか？等は問題ではなく、そのような不満を持っている人材が居るという事実を把握出来れば良いのです（犯人探しは不要）。

　アンケートや意見の収集方法として、紙媒体の場合、筆跡が残るので敬遠されるかもしれませんので、ワープロ打ちの文書を入れられる目安箱設置や自社サイトにネット上の意見投稿ページを作成してPCはもちろん、スマートフォンからも投稿できるようにしておくと良いでしょう。自社サイトの意見投稿ページは慣れた人であれば30分くらいで構築できますので、私も時短指導や人事評価制度コンサルティングの際、当社サイトを活用し顧客企業の意見収集ページを構築しますが30分以上はかけていません。

　実際に不満内容が集まりだすと、社長や経営層にとって腹立たしい内容が投稿される場合もありますが、会社を良くするため、人手不足解消のためと思ってください。

　そして、集まった意見一つひとつに対処するのか否か、対処する場

第4章　人材確保のために、自社の「人材」を徹底的に磨く

合の対処方法を公表しましょう。公表内容は社内掲示板でも構いませんし、自社サイトに掲載しても構いませんが、私は社内掲示板で十分だと思います。もし、自社サイトへの掲載の場合は必ずパスワード設定を怠りなく。その場合でも掲載期間が限定したうえで（一週間ほど）、もし長期間掲載するのであれば、パスワードの変更は定期的に実施してください。

　実は、この従業員満足実現のための情報収集作業ですが、
　・不満のアンケート実施により不満が少し減る
　・不満への対策を公表することにより不満がかなり減る
のです。あなたは「そんな都合の良いことが」と思われるかもしれませんが、本当です。

　例えば、あなたが使用しているモノが傷つけられたり、壊された場合、「ごめんなさい」と謝罪されたら、まずそこで許しませんか？
　その後の「修理」「弁償」は実現していなくても、謝罪されれば許すものです（取り返しのつかないことは許されませんが）。
　この会社が実施する従業員からの不満情報の収集活動は、
　・不満のアンケート実施
　　　　　　「何か不満はありませんか？」という会社の姿勢
　・不満への対策を公表
　　　　　　「ごめんなさい。修正します」という会社の意思表示
と、従業員の潜在意識の中で理解され、従業員からの社長、経営層及び上司への不満がかなり軽減されるのです。

　そして、実施を決定した対策を施していけばよいのです。
　また、従業員からの不満を収集する場合一番してはけないことは、
　・収集した情報を活用しない（収集しっぱなしにする）
ことであり、二番目にしてはいけないことは
　・決定した対策を施さない
ことです。その他、従業員からの不満に対してどのようにも対策が施

させない場合は、
　・対策を施せない理由を明確にして公表する
馬鹿げた不満の場合は、
　・このような不満が有ったが、会社として対応が難しくかつ、
　　ごく一部の従業員からの意見の可能性があるので、〇年〇月
　　まで様子を見たい。そして、出来れば同意見の従業員は
　　追加の何らかの対策を提案してほしい
と公表することにより、不満の程度は低くなると思われます。

　以上のことは、文章にするとたいそうのことに思えますが、実際やってみると簡単にできるのです。これくらい簡単なことが出来ない社長であれば、従業員の不満を解消することは難しいでしょう。その前に、従業員の不満を解消する気の無い横暴社長が「人手不足」を嘆く資格はないということです。

「③長時間労働、少ない休日への不満」に対して
　長時間労働対策（同様の原因の少ない休日への対策）については、政府の施策、改正労働基準法等への対応からも、避けて通ることが出来ません。
　そして、従業員の不満の大きな原因が
　・長時間労働、ムダな残業時間
　・少ない休日（低い有給休暇取得率を含む）
ですから、従業員の不満を解消するためにも、長時間労働削減に向けて何らかの対策を打たなくてはなりません。
　ここでは、政府の施策、改正労働基準法等の内容についての詳細は省きますが、拙著である「社長のための残業ゼロ企業のつくり方」（2015年5月：税務経理協会発行）、「「『プロセスリストラ』を活用した真の残業削減・生産性向上・人材育成実践の手法」（2013年5月：

日本法令発行）を参考にしてください。また、私が運営しているサイト「労働時間ドットコム：http://rodojikan.com」も御覧ください。

○意味の無い小手先の時短対策

第2章の5項では、「問題には必ず原因がある」のであり、「長時間労働」という問題にも必ず原因があり、この原因を特定せずに次のような小手先の手段を講じたところで根本的な解決にならないことを説明しました。

・ノー残業デーの設置
・残業の許可制
・午後6時に強制消灯

そして、これらの小手先の対策は

・自宅に持ち帰り残業
・隠れて居残り残業

等の違法残業の温床であることを説明しました。

また、変形労働時間制は、残業代の削減には有益ですが、残業時間自体は1分も減らない施策です。

本来長時間労働の削減は、ムダな労働時間・残業時間の発生原因を特定したうえで、マネジメントシステムに組み込み取り組んでいくことが必要なのです。

最近では、様々な企業が（それも有名企業が）、小手先と思える長時間労働対策の実施について競い合うように公表していますが、効果があるのでしょうか？仮に効果があるとすれば、実残業時間の削減ではなく、

申告される残業時間は削減される

ということではないでしょうか。

具体的には、

・午後6時以降の残業は禁止にする

という取り決めに対して、午後6時以降に残業した場合や、仕事を自宅に持ち帰り残業した場合、夕方の残業は許されないので早朝出勤して残業した場合の残業時間数が申告されなかっただけではないでしょうか。

そもそも、企業が長時間労働対策として、残業の許可制や、残業時間の上限を設定したところで、

・やるべき仕事の量は同じ

なのですから、一つの仕事に必要な時間は同じであるため意味が無いのです。例えば、或る見積書を10社分作成するために必要な時間が10時間必要で、見積書を10社分作成する場合、2時間残業して10時間労働で処理していた場合（所定労働時間が8時間）、2時間の残業が許されなくなったのですが、見積書2社分が作成しきれないことになります。小手先の対策を実施している企業では、この2社分の見積書は作成しなくても良いのでしょうか？決してそのようなことはないですよね？では、この2社分の見積書はいつ、だれが作成するのでしょうか？非常に疑問です。

本来であれば、
・10社分の見積書を8時間で作成できるようにする
・そもそも10社分の見積書の作成を不要とする
・2社分の見積書作成を他の担当者に振り分ける

などの対策を施してから、

・午後6時以降の残業は禁止にする

を実施しなくてはならないのに、その対策なしに、長時間労働削減とばかりに小手先の命令に飛びつくことは如何に無意味なことなのでしょう。

その無意味さがよく理解できるビジネス誌の特集として、プレジデント社発行の「プレジデントウーマン」（10月号：2016年9月7日発売）に掲載されている

第4章　人材確保のために、自社の「人材」を徹底的に磨く

◆「定時退社時代」がやってくる⁉
SOS！「昭和な残業対策」4タイプ別対処法
では、読者アンケート結果から得た、小手先の残業削減対策への怒りの生の声が掲載されています。私も同誌に専門家の立場から取材を受けましたが、正に呆れた実態に非常に残念な思いでした。

　ヒトは本来、根拠が無いと納得できない生き物なのです。
ですから、長時間労働削減の小手先の対策であっても「なぜその対策が必要なのか？」が説明できないことには従業員からの反発必至です。
　まちがっても
　　　　　　　「つべこべ言わずにやればいいんだ」
と押し付けることは無意味であり、従業員不満足の大きな原因となるでしょう。
　実際、ヒトが少々贅沢な品や、嗜好品を購入する場合、ウォンツで購入するのですが、購入を決める時や購入後に如何にその商品が必要であったのかのニーズを後付することで、その商品購入の根拠として自分を納得させるのです。
　以上、長時間労働をしなくても良い施策を施してから、"○○してはいけない"等の取り決めを実施しなくてはならないことを説明しましたが、前述の手順も長時間労働対策としては完璧ではなく、長時間労働の原因を明確にしたうえで、マネジメントシステムとして長時間労働削減の仕組みを構築・運用しなくてはならないのです。
　それが、
時短マネジメントシステム
です。
　「時短マネジメントシステム」とは、プロジェクトチームを結成し、長時間労働やムダな労働時間の原因を炙りだし、対策を施したうえで

マネジメントシステムとしてPDCAを廻していく仕組みです。

　これは、私が或るマネジメントシステム策定の議長国である北欧スウェーデンへ4回に渡り調査訪問した際、同国の労働環境を目の当たりにし、成果の明確なマネジメントシステムとして開発した仕組みです。その後、何社かにテスト的に実施した結果、時短という成果を明確に出せることを検証し様々な企業に取組んで頂いている仕組みです。

　「時短マネジメントシステム」に取組むことにより、
　・ムダな残業時間が削減できる
　・長時間労働が削減できる
　・生産性の向上ができる（5人分の仕事を4人で廻す）
などの成果が可能なのです。

　「時短マネジメントシステム」の取組みステージは「ステージ0」「ステージ1」「ステージ2」の3ステージから成っており、この取り組みを2年かけて実施し、その後継続的にフォローして取り組んでいくものです。

　時短マネジメントシステムの概略は以下の通りです。

ステージ0：
1　社長による長時間労働時間削減宣言
2　プロジェクトチームの結成
3　プロジェクトメンバーへの事前教育
　　プロジェクトリスクのあぶり出し
　　アンケート実施
4　現状把握（過去1，2年のデータ分析）
　　・平均残業時間、最高残業時間〔月ごと、ヒトごと〕
　　・相関、ヒストグラム等を活用してのデータ分析
5　日常の運用管理策決定
6　全社員に向けての「時短マネジメントシステム」取組み宣言

ステージ1：

7　ムダな労働時間発生のあぶり出し
8　根本的に作業時間を改善する手法決定
　　プロセスリストラ策の決定
9　長期目標、短期目標及び実施計画の策定
10　策定した実施計画と運用管理策の実施
11　残業時間、労働時間の監視、測定及び検証
12　情報共有・運用情報の開示
13　効果があった取り組みの標準化
14　社内発表（成果発表）

ステージ2：
15　業務処理プロセスの明確化と標準処理時間の設定
16　ムダな労働時間のリスクアセスメント
17　ムダを根本的に改善するプロセスリストラ策の手法決定
18　長期目標、短期目標及び実施計画の改訂
19　改定した実施計画を運用
20　情報共有・運用情報の開示
21　残業時間、労働時間の監視、測定及び検証
　　・効率、稼働率
　　・のそり状態、蒸発状態、妨害時間
　　・業務処理量、作業品質
22　効果があった取り組みの標準化
23　不適合処置、是正処置
24　内部監査
25　マネジメントレビュー
26　組織内に成果発表
27　継続的改善
28　取組リスク、取組機会を監視し継続的改善

以上が「時短マネジメントシステム」の概略であり、項目だけ視る

と「なんか、難しそう」と思えるかもしれませんが、難しいことではなく、既になにかしらのマネジメントシステム（品質MS、環境MS、食品安全MS、情報セキュリティMS、道路交通安全MS、労働安全衛生MS等）に取組まれている組織であれば、そのマネジメントシステム（MS）に組み込んで取組むこともできますし、単独で取り組むことも容易です。また、マネジメントシステムを導入していない組織であっても、第4章の3項に"全てのことにPDCAがあることを理解してください"と説明した通り、何らかのPDCAを廻しているので、「時短マネジメントシステム」のへの取組みは、そのPDCAをマネジメントシステムの適正な考えに則って組織風土の概念として刷り込む良いチャンスだと思います。

「時短マネジメントシステム」は、思いつきや小手先の残業削減対策ではなく、
　　　　　なぜ、残業が発生しているのか？
　　　　　なぜ、労働時間が長いのか？
の原因を炙りだし、対策を施していく仕組みです。
　また、次のことを数値化して科学的に改善を実現していきます（抜粋）。
　・標準処理時間：通常の力量保有者がその作業を処理するために必要な時間
　・効率：標準処理時間を実作業時間で除した数値
　・稼働率：実稼働時間を所定労働時間で除した数値
　・業務処理量：効率に稼働率を乗じた数値
　・原単位：一定の尺度で計算した数値
　・秒給：一秒当たりの給与
他にも次の定義でムダを洗い出していきます（抜粋）。
　・作業品質：作業結果の出来栄え

- リスク：残業時間を発生させている（可能性のある）プロセスや顧客要求
- 機会：残業時間削減や生産性向上に繋がるよい機会
- のそり状態：頭、手、足、口、目、耳、鼻がフル稼働していない状態
- 蒸発状態：頭、手、足、口、目、耳、鼻を作業に使用していない状態
- プロジェクトリスク：時短PJの進行の妨げになるリスク

　以上のことから、「時短マネジメントシステム」では、時短結果や生産性について数値化で表しますから、時短への取り組みだけではなく、
結果についてもゴマカシがきかない
ようになっています。

　一般的に時短に取り組んだ結果として、
- 残業が減った気がする
- 生産性が上がった気がする
- 一人当たり月の残業が5時間減った

という成果を表現しますが、"気がする"では意味が無いのです。
　んっ？"一人当たり月の残業が5時間減った"ことは、
「明確な数値による成果ではないですか？」
と、突っ込まれそうですが、実はそうでない場合が多いのです。
　例えば、一人月5時間残業時間が減ったのですが
- 作業品質が悪くなった
- 売り上げや利益が減った
- 一人あたりの業務処理量が減った

のではまったく意味がありませんね。
　ヒドイ場合には、一人あたりの残業は減ったのですが、従業員が増えただけの場合もあります。
　このように「残業や長時間労働が削減できた」としても、本末転倒になるような結果との引換であれば、単に自己満足といえるでしょう。

そのためにも、時短に向けて取り組む場合、様々な着眼点から検証できる「時短マネジメントシステム」の取組みが必要となるのです。
　もちろん、「時短マネジメントシステム」以外にも
　・根本的に
　・継続的に
　・労働関係法令に問題なく
残業時間やムダな労働時間を削減する施策は存在すると思いますが、
　　　　　　　一つひとつの取組みを繋げて
　　　　　マネジメントシステム（PDCA）として
　　　　　　　　継続的に改善しながら
　　　　　組織風土として時短を実現するしくみ
は「時短マネジメントシステム」以外、少ないと思われます。

7 「見込み人材対策」と「自社のリスク対策」として 時短が非常に重要

　前項では、従業員が抱く会社への不満について次の三つがあることを説明しました。
　①自分への処遇に関する不満
　②社長をはじめとする経営層や上司への不満
　③長時間労働、少ない休日への不満
　これらは、自社で既に働いている従業員の不満ではなく、これから入社するかもしれない従業員からも
　　　　　　　　入社を躊躇する情報
であることをよく認識しておいてください。
　そして、そのまま
　　　　　　　　　自社のリスク
であることも理解して頂きたいのです。
　もう一度書きます。

①自分への処遇に関する不満
　②社長をはじめとする経営層や上司への不満
　③長時間労働、少ない休日への不満
は、組織運営のリスクであり、

人手不足の大きな原因

であることを理解してください。

　「耳触りの良い求人募集キャッチコピー」「高い給与」「組織の良いイメージ」等は、求職者に、まず、興味を持ってもらうためには非常に重要であり、マーケティング上では最重要といえますが、人材募集については、これらのことに興味を持ってもらったところで、その組織に入社した後、
　①自分への処遇に関する不満
　②社長をはじめとする経営層や上司への不満
　③長時間労働、少ない休日への不満
の不満を持たれてしまえば、能力が高く前向きな従業員の長期勤務は難しいでしょう。特に組織の規模に関係の無い

長時間労働、少ない休日への不満

については。

8　社長や経営層が持っている管理職への不満

　前項では、リスクの一つとして"②社長をはじめとする経営層や上司への不満"を挙げましたが、このこととは逆に

社長や経営層が管理職に不満を持っている

ことを説明しましょう。
　一般的に、「創業社長」や「デキル経営層」は、管理職に対して不満を持っていることが多いのです。理由はカンタンで、
　・なんで、指示したことが出来ないのか？

が多いと思われます。

　私もオーナー社長から相談される内容の多くがこれです。
　このような不満を持っている社長や経営層からしてみると、「管理職がこの状態では、足腰の弱い会社になってしまい、当社もこの先思いやられる。」ということでしょうか。
　このような相談を受けだして、10年位経過し、当初は、管理職の能力向上のための「教育制度構築」や、「管理者研修」を実施、それなりの成果は上がったのですが、このような取組みの中で実際に管理職とのコミュニケーションを重ねていくうちに次の疑問が湧いてきたのです。

　　　　・本当にこの管理職の方たちの能力に問題があるのか？

　大企業はもちろん、中小企業とはいえ、将来の組織運営を任せる候補であり、現に管理者として活動しているため、それなりの能力を保持している方たちなのです。また、そのころにマネジメントシステムの考え方を深掘りして改善や生産性向上を加える施策である

　　　　　　　　「プロセスリストラ」

を指導するようになってから、尚更、前述の疑問が深くなったのです。
　そして、すべてに共通する不変の考え方である

　　　　　　　・問題には必ず原因がある
　　　　　　　　（必ず根拠がある）

という着眼点で、管理職の方たちは

　　　「なぜ、社長が指示したことが出来ないのか？」

に向き合ってみたところ、やはり原因がありました。それは、

　　　　　　・社長からの指示が伝わっていない

のです。
　管理職に指示したつもりになっているのは、指示した張本人の社長だけであり、指示された側の管理職は社長からの指示内容を理解していないのです。

第4章　人材確保のために、自社の「人材」を徹底的に磨く

　なぜ、このような行き違いが生じるのでしょうか？簡単に表現すると、

社長が怖いから

です。もう少し別の表現では、

絶大な権力を持っている社長に質問が返せないから

です。
　社長本人は、そのような認識はないのですが、管理職からすると社長は「雲の上の存在」「口答えできない存在」だからです。
　ですから、社長からの指示には逆らえないし、質問することすら躊躇ってしまうのです。その結果、社長からの指示を理解したフリをしてしまい、その管理職の態度を社長は真に受け、

　　「私の指示を理解しているにも拘らず、実行されない」

という解釈になるのです。
　しかし、このように"怖い"社長からの指示であれば、管理職は成果を出すために一生懸命行動するように思えるのですが、ヒトは元来怠け者であり、面倒くさいことはやりたくないのです。そして何より、今まで、社長からの"思いつき"の指示が山のように出されているにも拘らず、指示した側の社長が指示したことを忘れてしまい（若しくは興味が無くなり）、そのまま放置され、なんとなくフェードアウトしている事実を管理職も理解しているので、このように"怖い"社長に対しても、成果を出さないという、一見、「ふてぶてしい」ことが出来てしまうのです。
　このような傾向は、指示する側の社長が一人で、指示される側の管理職が複数の場合はより顕著なのです。
　この
　・社長や経営層が指示したにもかかわらず成果が出てこない
を防ぐためにもPDCAが必要であり、本章の3項にも"管理者は「C：チェック：検証」が八割：チェックさえすればよい"ことを説

177

明したのです（この場合の"管理者"とは、"社長"と読み替えてください）。このことは、中小企業に於いては"社長や経営層"ですが、大企業に於いては"部長や課長"と読み替えてください。

　以上のことから、社長や経営層が管理職に持っている不満を解消するためには、社長や経営層自身が変わらなくてはなりません。

　そもそも、社長や経営層が管理職に指示をするとき
　①指示する内容を本当に理解していますか？
　②気分が盛り上がったときに思いつきで指示して、
　　　　　　その後興味が失せたことはありませんか？

　"①"については、よくあるのです。

　社長自身は、「こうして欲しい」というおぼろげな欲求はあるのですが、自身が理解していない状態で管理職にまともな指示が出せる訳がありません。

　しかし、社長からしてみると、「こうして欲しい＝成果」であれば、その実現をして見せるのが管理職の役割だと仰るかもしれません。

で、あれば、格好つけずに、
　　　「このようにしてほしいという成果は判るのだが、
　　　　その手法というかプロセスが判らないので、
　　目的達成・成果実現のためのプロセスを探って実施して欲しい」
と、一段下がって管理職に依頼すればよいのです。

　社長だからといって、何でも知ったかぶりせずに
　　　　　　「解らないことは解らない」と堂々と言う
のです。

　三流コンサルタントのように、理解もしていないことを知ったかぶりする必要はないのです。ある部分で確固たる自信があれば、「それは解らない」と言えばよいのです。社長はそれが許される役職だと思います。

第4章 人材確保のために、自社の「人材」を徹底的に磨く

もし、社長が前述のように一段下がって管理職に伝えることが出来ないのであれば、他の方に伝えさせればよいのです。

前頁の"②"については、本当に止めていただきたい。

この社長や経営層（大企業であれば部長、課長など）の思いつきの指示が残業や長時間労働の大きな原因になっていることを理解してください。

ある組織で、残業の原因を洗い出したところ、役員からのムダな作業依頼が残業時間の半数を占めていたことがあります。このようなムダな作業依頼をしてくる役員は能力に問題がある可能性があり、一刻も早く辞めていただきたいのですが、様々な事情が交錯しており居座り続けている実態も否定できません。

"全てのことには根拠がある"ことは説明済みですが、
・なんでこの人が私の上司なのか？
・なんでこの人が役員なのか？
の根拠が非常にバカバカしい根拠であることも否定できませんね。

以上、社長や経営層が持っている管理職への不満については、社長や経営層自身に原因がある場合も多いので、是正できる要素が強いことをご理解ください。

9 時短で人材シェアリング？

ここでは机上の理論ではありますが、一つ考えてみましょう。

例えば、次の企業があったとします。

・従業員数：20人
・一人当たり月の所定労働時間：171時間（小の月：暦歴＝30日）
・通常の作業を全うするために必要な月の時間：3,420時間

この企業は、通常の作業を処理するために必要な一か月あたりの必要時間数は、3,420時間ですが、ムダな労働時間の削減や生産性の向上を実施し、3,249時間に削減できたとしましょう（5％削減）。

そうすると、一人あたりの月の所定労働時間数である171時間で除した場合、

$$3,249時間 \div 171時間 = 19人$$

　机上の計算上では、20人必要な従業員が19人で足りることになります。このことにより、20人目の従業員を他の事業所などに出向させるなどすれば人材シェアリングが可能となるのです。
　実際は、突発的な注文や事故等の可能性があり、このようにスムーズにはいかないかもしれませんが、計算上は可能なのです。
　一定量の仕事を分け合い、雇用を確保する「ワークシェアリング」の考え方を欧州ではよく耳にしましたが、日本の「人手不足」の現状を鑑みると、生産性向上、ムダな労働時間削減及び機械化等により

「人材シェアリング」

の考え方も必要なのかもしれません。
　日本では今後、労働人口が減少し「人手不足」がより一層顕著になるとは思いますが、"人手"に代わるハードも多数開発されており（ロボットや自動運転車輌等）、ソフト面（働くことに制限のある方の活用や時短マネジメントシステムなど）の対応を実施していくことにより"人手"に対しては決して暗いことばかりではないと思われます。

10 侮れない「人事評価制度」の存在

　本章の6項で、"①自分への処遇に関する不満"に対しては、客観的に評価することが比較的容易な人事評価制度が有益と説明しました。
　ただこの「人事評価制度」。
　構築が難しい、面倒くさいというイメージが非常に高いのではないでしょうか？
　このイメージはある意味正しく、ある意味間違っています。
　ただ、幾つかハッキリしていることは、
　①「構築にかけた費用・時間」と「成果」は比例しない

第4章　人材確保のために、自社の「人材」を徹底的に磨く

②パッケージ化された制度には過大な成果を期待しない
③自組織の状況や、今後の方向性にマッチした制度を導入する

　"①"については、費用や時間を膨大に費やしても、ほとんど使えない人事評価制度が出来上がる場合もありますし、カンタンに策定した人事評価制度でも思いのほか上手く機能する場合があるのです。

　特に"費用"は、膨大な費用をかけても使えない制度をたくさん視てきました。

　"②"については、プロジェクトチームで構築しないで、管理者や従業員からの聴き取りだけで策定された人事評価制度はファイリングこそ立派ですが、殆ど使い物にならないということです。また、プロジェクトチームで策定しても、そのプロジェクトチームを指導するコンサルタントや指導者が最初から人事評価制度の完成形を想定しているパッケージ化された制度の場合、ある程度の成果は出ますが、過度な期待はしないほうがよいということです。

　"③"は、自組織の現状をよく理解し、今後、どのようにしていきたいのかを反映した人事評価制度を構築する必要があるのです。

　人事評価制度は、プロジェクトで実施していくことが重要ですが、そのプロジェクトを指導するコンサルタントや指導者の都合で構築してはいけないのです。このことは当たり前のことなのですが、よくあることです。

　実はあなたも経験が無いでしょうか？

　買う側の経験としては、グレー色のシャツが欲しかったが、ベージュ色のシャツしか在庫が無く、そのベージュ色のシャツを店員から熱心に売り込まれたとか、売る側の都合としては、在庫を一掃したために顧客が一番希望する商品以外を勧めた。

　これらは、買う側ではなく売る側の都合ですよね。

　これと同じようなことが指導の場でも起きているのです。

組織にとってうまく機能している人事評価制度は、自社の「人材」を徹底的に磨くうえで非常に重要なツールですから、正しく整備してください。
　その「人事評価制度」ですが、私自身、様々なアプローチの人事制度（敢えて"評価"を外します）を視てきて、指導してきましたが、次項では、
　　・最短人事制度：短時間で策定できる評価制度
　　・最強人事制度：これ以上客観的に評価できない評価制度
について説明していきます。

11 「最短人事制度」と「最強人事制度」

　本項では、短時間で策定できる「最短人事制度」とこれ以上客観的な評価は無理であろう「最強人事制度」をご紹介します。

最短人事制度

　もうこれは、本当に簡単に出来てしまう人事評価制度です。
　この「最短人事制度」を解り易く説明しますと、
　①「就業規則」で決めたことが出来ているのか評価する
　②社長が従業員にやって欲しいことを明確にして評価する
たった、これだけです。
本章の5項では、私がこの本の中で考える「就業規則」として
　　　　良い組織風土を実現して顧客に喜んでもらうために、
　　　　組織として従業員に参加・協力してもらうための文書
また、
　　　　　　労使関係のルールだけではなく
　　　　組織を良くするための文書として徹底活用する
と説明しました。
　あなたの組織が前述を反映した「就業規則」であるなら、「就業規

第4章　人材確保のために、自社の「人材」を徹底的に磨く

則」に規定されている内容から、評価項目となる事項を洗い出し、その評価をしていけばよいのです。

また、「就業規則」から洗い出す以外に、"②"の社長が従業員にしてほしいことを明確にして、評価項目となる事項にするのです。

この"①"と"②"で洗い出した、"評価項目となる事項"を20項目以上洗い出して、項目ごとに「できた」「できなかった」の○×評価を行えばよいのです。

ただ、「就業規則」への規定内容を元に評価するのですから、二重懲戒になることは避けてください。

この「最短人事制度」を思いついた背景もやはり、マネジメントシステムの監査経験からです。

マネジメントシステム監査は、数人のごく小規模企業から、数万人規模の大企業に至るまで経験しましたが、小規模企業に於いて、会社として高評価をしている従業員の"高評価"の根拠を探っていくと、

　　　　社長に受けの良い従業員が高評価を得ている

のです。これは小規模企業にとってあたりまえのことなのかもしれませんが、組織によっては、「なぜ、この従業員は高評価なのか？」の理由について「社長の想い」を語ってくれる社長がいらっしゃいました。

そのとき思ったのです。

単に社長から従業員に対する好き嫌いだけではなく、「社長として、会社として従業員にこのような振る舞いをしてほしい」ということに対して応えている従業員が高評価を得ているという事実がある。

であるなら、社長として会社として従業員にしてほしい行動や振る舞いを明文化したうえで周知して、それに対する行動を評価が出来れば一番簡単な評価制度が出来上がるのではないかと。そして可能であれば、これらの従業員にしてほしい行動を「就業規則」に規定できないものかと。

「就業規則」への規定は無理にする必要はありませんが、社長や会

社が従業員にしてほしい行動を明確にすることは重要だと思います。
「最短人事制度」に、加えていただきたい内容として
・自社の品質を人事制度構築のヒントにする
がありますが、頁の関係上これ以上割けませんので、機会があれば詳しく説明したく思います。

最強人事制度

これは、「プロセス人事制度」のことです。
「プロセス人事制度」の説明の前に質問です。
あなたの組織の人事制度は繋がりがありますか？
"人事制度の繋がり"とは、何のことでしょうか？
答えは二つあります。
①教育訓練制度と繋がりがあるのか？
②日々実施している作業の一連のプロセスと繋がりがあるのか？
あなたの組織はまさか、「結果」だけを評価していないですよね？
目的を達成する場合（成果を出す場合）、その達成に至るための数多くのプロセスがあり、その数多くのプロセスを適切に処理した結果、目的が達成できるのです（良い成果が出せる）。
まさか、次の内容だけで評価していませんか？
・たまたまできただけなのかもしれない「成果」
・成果に結びつくか否かが不明な「業務姿勢」
・発揮されるかわからない「能力」
目的を達成する場合（成果を出す場合）、その達成に至るための数多くのプロセスがあり、その"プロセス"を評価していくことが「最強人事制度」への道なのです。
この「プロセス人事制度」を思いついたきっかけを説明します。
十年以上前、中国への進出を検討している日本企業の社長から相談を受けたのです。当該社長は、すでに中国に進出している社長からの

第4章　人材確保のために、自社の「人材」を徹底的に磨く

情報から現地労働者に対して次の不安をお持ちでした。
　①依頼したことしか作業しない
　②客観的で公平な評価制度が無いことへの不満
　③「結果だけ良ければ問題ない」という業務姿勢
　中国に進出して適切に労務管理を実施するためには、この三点を解決する必要があることを社長自身が認識しているのです。
　では、どのように対応するのか？
　私が回答した内容は以下の通りです。
　"①依頼したことしか作業しない"に対しては、完成に至る作業プロセスを明確にした文書を作成し、その文書全体を示し、依頼することです。
　"②客観的で公平な評価制度が無いことへの不満"に対しては、完全に不満を取り去ることはできませんが、評価の客観的根拠を提示することにより不満が緩和されるので、客観的評価制度を策定することです（これが結構難しいのですが）。
　"③「結果だけ良ければ問題ない」という業務姿勢"に対しては、"①"で"完成に至る作業プロセスを明確にした文書"を作成していますので、その各プロセスに「要求力量：基準、ハードル」を設け、等級分けしたうえで評価すればよいのです。
　以上の"①"と"③"については、製造業でQC等を経験した方以外は理解しにくいかもしれませんが、枠組みを構築してしまえば運用は比較的ラクであり、かつ、他の人事制度とは代えがたい最強の人事制度が出来上がりますのでぜひ挑戦して頂きたく思います。
　ただ、構築に手間がかかることも否定できませんので計画的なプロジェクト運用が必要であることも付け加えておきます。

〇最強の人事制度＝
　　　　　プロセス人事制度の下では従業員は言い訳できない！

「プロセス人事制度」が最強であると私が思う根拠の一つに従業員が言い訳できない制度であることがあります。
　なぜ、言い訳できないのか？それは、プロセス人事制度は、
　　・教育訓練制度と密接に繋がりがあるから
　　・日々実施している作業の一連のプロセスを反映した制度だから
です。
　従業員が学ばない理由や自己研さんに励まない言い訳として
　　・会社や上司が自分に要求していることが解らない
　　・クリアすべき力量の基準が解らない
があります。
　「プロセス人事制度」では、これらの"会社や上司が要求すること"や"クリアすべき力量の基準"を明確にしますので、前述の言い訳が出来ないのです。
　「最強人事制度」である「プロセス人事制度」について説明するとなると、膨大な頁が必要なのでこの辺にしておきますが、概略については拙著である「『プロセスリストラ』を活用した真の残業削減・生産性向上・人材育成実践の手法」（日本法令発行）で触れていますので参考にしてください。

12 「売りモノ磨き」と「人材磨き」のための「人材確保マネジメントシステム」

　この本の第1章では、自社の人手不足の原因はナニか？について考える必要性を説明し、人材採用・人材雇用とマーケティングの接点を明確にしたうえで、新規人材採用と長期人材雇用の実現を探ってみました。
　第2章では、「社会から必要とされる企業」であることが人材雇用や人材定着に必要であることを説明しました。
　第3章では、自社の「売りモノ」を徹底的に磨き、如何に社会から

第4章　人材確保のために、自社の「人材」を徹底的に磨く

必要とされる企業になるのかを探ってみました。
　第4章では、自社の「人材」を徹底的に磨くために必要な施策について考えてみました。

**　これらは「人手不足企業」脱却のために非常な重要なことです。**

そして、以上の一連の取組みを「人材確保マネジメントシステム」としてPDCAを廻す仕組みとして構築・運用して頂きたいのです。
　マネジメントシステムとして永遠にPDCAを廻してスパイラルアップして改善して頂きたいのです。

　マネジメントシステム構築に携わった方であれば、「人材確保マネジメントシステムの規格というか要求事項は存在しているのですか？」と、質問したくなるかもしれませんが、答えは、「Yes！」です。
　ただ、ここで「人材確保マネジメントシステム規格」を掲載したところで、一部のマニアックな方だけが喜ばれるだけだと思いますし、掲載することにより返って「なんか難しそう」と99％の方が感じてしまう可能性があるのでこの本での掲載は控えます。
　マネジメントシステムに取組むためには「規格」の存在は無視できないと思われがちです。しかし、私のように第三者監査の審査員として活動する場合は、必要不可欠ですが、単に「規格」を活用して、組織を良くするためにマネジメントシステムを活用して取組む場合は、必ずしも「正解」が存在するわけではないので、「規格」は必要不可欠とは言い難いでしょう。
　「人手不足」対策で大切なことは、この本の内容を理解され、共感できることについて自社として取り組まれ、その取り組みをPDCAとして仕組み化して、継続的に改善していくことです。
　決して、形から入ることはしないでください。

第5章

自社の「売りモノ」と「人材」が磨けたら積極的に社外にPRしよう！

1 自信を持って人材の紹介を求めよう

　この本に書かれていることを実践され、自社の「売りモノ」と「人材」を磨くことが出来たら、自信を持って

人材の紹介を依頼しましょう！

　人材紹介を依頼する先は、
　①取引先や顧客
　②自社の従業員
そして、
　③広く世間に対して
です。

　あなたの会社は、次のような会社です
　・社会から必要とされている企業です
　・業務内容に代わりが利かない企業です
　・唯一無二の製品・サービスを提供しています
　・独自のノウハウを持っています
　・顧客との深い信頼関係があります
　・独自の特許や免許を持っています
　・ブランドがあります
　・フアン客がたくさん居ます
　・自社の成否・サービスが自社従業員から支持されています

・会社が無くなったら困る顧客がたくさん居ます
・お客様を助け、守っています
・従業員が安心して働くことが出来ます

決して、次のような会社ではありません！
・社長が従業員のことをバカにしている
・従業員をモノ扱いしている
・言い訳をする従業員が多数在籍している
・約束を守らない
・品の無い行動をする

ですから、自信を持って、取引先や顧客、自社従業員及び世間に
「どなたか当社に相応しい人材を紹介してください！」
とお願いしてください。

　あなたの会社は、外にも内にも誇れる会社ですから、あなたの会社で働く従業員が一人増えれば、その一人に幸せをプレゼントできるのです。そうです！紹介依頼することは、幸せになれる可能性のある人を増やすための行動なのです。どうか躊躇なく、人材紹介依頼をお願いしてください。

　ただ、決して、

裸の王様

にならないように、常に、顧客や従業員の声に耳を傾けてください。

　"裸の王様"とは、自分自身が見えなくなることはもちろん、盲目的に自社や自社の製品・サービスに高評価を与えることではありません（盲目的にわが子をかわいがるバカ親であってはなりません）。

　いくら愛着がある組織、製品・サービスであっても常に真摯に向き合い、悪いところは悪い、改善すべきことは改善するという姿勢を失ってはいけません。このことを実践するために「マネジメントシステム」が必要なのです。

　この考え方が出来なくなると、原理主義的な考えや盲目的な行動を

起こしてしまい、社会の悪となるのです。

常に考えて頂きたいことは

社会から必要とされているか否か！

2 自社の話題つくりで知名度を上げよう

「人材確保マネジメントシステム」を構築・運用し、売りモノを磨き、人材を磨くことは社会にとって非常に有益であることをご理解頂けたと思います。

このこと自体「自社の話題つくり」になりますが、もう少し深く話題つくりを行えないものでしょうか。

この"話題つくり"を基礎とした自社の取組みを実施することにより、自社の知名度が上がり、より一層の人手不足解消につなげることが出来るのです。

ここで少し、話題つくりのために自社が取組むことの着眼点に触れてみたく思います。その着眼点とは、

①社会にとって有益となる取組みなのか？
②社会がどのような取組みか知りたがるのか？
③社会から共感を得られるのか？
④何か必要なことを解決できるのか？
⑤社会情勢にマッチしているのか？
⑥社会だけでなく、自社にとって有益なのか？

これらの着眼点を網羅できる取り組みを思いついたら、実行に移してください。もちろん、

適切なプロセス管理を実施した上でPDCAを廻して

くださいね。

そして、その取り組みをどんどんPRしてください。

可能であれば、新聞社、出版社、テレビ局などにも積極的にプレスリリースを送ってください。

実は、私自身、前述の6項目を網羅した社会的に非常に意義のある取り組みについてのアイデアを温めていますので、もし、ご興味がある"品のある"企業の方はご一報ください。私と一緒に取組み、積極的にマスコミにアプローチしましょう！

　「売りモノ磨き」や「人材磨き」はもちろん、他の取組みについても自社だけの取組みでは限界があります。ぜひ、
利害関係者へ積極的に協力要請
をしましょう。
　あなたの会社は、提供している製品・サービスも雇用している人材も素晴らしいのですから、臆することなく積極的に人材採用について協力要請を行えばよいのです。

③ 人手不足対策が成就したとき、すごい組織になっています

　人手不足を解消するために、売りモノを磨き、人材を磨くことにより自他ともに認める
スゴイ組織になっている
のです。
　ここまでお読みいただいた方は、売りモノを磨きと人材を磨きが人手不足対策に有効であることはご理解頂いたと思いますが、これは、ヒトも同じですね。
内面的に魅力の無いヒトには、人は集まってきません。
　確かに、人間的に魅力が無くてもお金を潤沢に持っているヒトには人が集まってきますが、それは、そのヒトが魅力的なのではなく、お金が魅力なのです。企業でいえば、商品やサービスの価格を必要以上に値下げするというバカでもできる販促活動で質の悪い顧客を一時的に集めただけなのです。そのような企業は、安売りをしなくなった途端に顧客は離れていき、カネの力で人を集めたヒトも金がなくなれば

人はさーっと引いていくでしょう。もちろん、お金持ちでも人間的に魅力があるヒトはたくさんいらっしゃいますので、そのようなヒトの周りには金目当てで集まってきた以外の人が多いのです。

組織も社屋や上辺だけの社会貢献的な取組みではなく、内面的に魅力ある組織であれば、人は必ず集まってきます。

第2章の4項では、"ブラック企業にはブラック社員が集まる"と説明しましたが、内面的に魅力ある組織になれば、ブラック社員は蔓延りませんし、魅力ある人材が集まってくるのです。

一見、組織の内面を磨いていくこと（売りモノ磨き、人材磨き）は、人手不足とは関連性が無いと思われていますが、実は非常に関連性が深いことを真の意味で理解してください。

4 「品」のある組織になろう。そして、「働くことに制約のある人」に優しい組織へ！

非常に残念なのですが、
- 品の無いヒト
- 品の無い組織

は存在します。

品の無い振る舞いをして得られる果実よりも、品のある振る舞いから得られる果実の方がはるかに大きいことを感じてください。

何も過度に意識して「品のある振る舞い」をしなくても良いのです。

当たり前のことを当たり前に、そして、少しだけ配慮が必要な方に対して、ほんの少し心遣いをしてください。

"少しだけ配慮が必要な方"とは、「働くことに制約のある人」のことです。

「働くことに制約のある人」とは、
- 子育て中の方
- 病気や障がいを持ちながら働いている方

・要介護者を抱えて働いている方
・勉強しながら働いている方
・妊娠中で働いている方
そして、まだまだ日本では
・働く女性
などの働くことについて何らかの制約がある方を指します。
　これらの「働くことに制約のある人」が職場で如何なく能力を発揮するためには、
　・長時間労働
　・セクハラ、パワハラ、マタハラ
等を防がなくてはなりません。
　「人手不足」解消のために「売りモノ磨き」「人材磨き」に取組む過程でこれらの問題も解決できるものと信じております。
　そして、「人手不足」が解消された組織は「働くことに制約のある人」が能力を発揮できる場であると信じております。

あとがき

最後までお読みいただきありがとうございます。

この本は自身の著作の5冊目になりますが、全ての著作で説明している原則は、この本でも再三登場した
・全ての問題には原因がある
（全てのことには根拠がある）
です。
この本をお読みいただいたあなたも、この原則をどうか常に意識してください。そして、「人手不足にも原因があること」を。

人手不足の大きな原因として
・提供する商品・サービスが磨かれていない
・既存従業員が磨かれていない
と定義し、これらがなぜ磨かれないのかの原因について、
・真の顧客要求を理解できていない
・従業員から納得を得やすい人事制度が無いこと
・ムダな残業・長時間労働
などを挙げてきました。
実はこれらのことは、社長をはじめとする経営層や管理職であれば気づいていることだと思います。
そうです。私はあえてこの本で当たり前のことを説明させて頂いただけなのです。なぜ、そのようなことをしたのか？その理由は、
あまりにも逃げている会社が多いからです

最近特に多い相談として、時短に関する相談があります。
　この「時短」。会社としては出来るだけ避けて後回しにしたい話題みたいですが、もうそろそろ逃げ切れなくなったと判断した企業からの相談が非常に多いのです。

「売りモノ磨き」「人材磨き」のために
　・真の顧客要求を理解する
　・従業員から納得を得やすい人事制度の構築
　・ムダな残業・長時間労働の削減

は、少々大変と感じるかもしれませんが、実は比較的取組みやすいのです。特に"ムダな残業・長時間労働"は、既存従業員が退職する大きな原因であり、精神疾患、労災事故及び交通事故の大きな原因でもあります。せっかく、縁あって入社してきた従業員が解決できる原因で退職してしまうのは非常にもったいないことです。
　売りモノを磨き、人材を磨くことにより、従業員の退職を防ぐことが出来、新規雇用の機会も増えることを信じております。
　そして、「働くことに制約のある人」も積極的に採用してください。
　この本で説明した取り組みで、人手不足を解消できると信じています。どうか逃げないで、正面から取り組んでください！

　最後にいつも前向きな話題を討議ができる小林久貴さん、どんなに忙しくても相談に乗ってくれる後藤大太郎さん、良きビジネスパートナーである末廣晴美さん、月の半分以上出張で事務所を空けている間、ほぼ完ぺきに留守を預かってくれている当社（当所）従業員のみなさん、どうもありがとうございます。
　また、今回の出版企画を実現して頂いた有限会社インプルーブの小山氏、出版企画を採用して頂いた株式会社産労総合研究所出版部経営書院に感謝です！
　　　　　　　　　　　　　　　　　　　　　　　　山本昌幸

参考文献

- 「『プロセスリストラ』を活用した真の残業削減・生産性向上・人材育成実践の手法」山本昌幸、末廣晴美（日本法令）
- 「社長のための残業ゼロ企業のつくり方」山本昌幸（税務経理協会）
- 「運輸安全マネジメント構築・運営マニュアル」山本昌幸（日本法令）
- 「CSR企業必携！交通事故を減らすISO39001のキモがわかる本」山本昌幸、粟屋仁美（セルバ出版・三省堂）
- 「2015年改定対応やさしいISO9001：2015品質マネジメントシステム入門」小林久貴（日本規格協会）
- 「5ミルのすすめ　人生を豊かにする仕事力強化法」小林久貴（日本規格協会）
- 「JISQ9001：2015」（日本規格協会）
- 「JISQ14001：2015」（日本規格協会）
- 「ISOマネジメント：2010年10月号」（日刊工業新聞社）
　　　　山本昌幸：顧客要求事項を満足させる品質創り（巻頭特集）
- 「プレジデントWOMAN」（プレジデント社）2016年10月号
　　　　「SOS！『昭和な残業対策』4タイプ別対処法」

参考サイト：転職サイト：リクナビNEXT：http://next.rikunabi.com/

著者略歴

山本昌幸（やまもとまさゆき）　　1963年生
あおいコンサルタント株式会社　代表取締役
東海マネジメント所長
コンサルタント、マネジメントシステム審査員として全国を飛び回る。主要著作に、「社長のための残業ゼロ企業のつくり方」（税務経理協会）、「『プロセスリストラ』を活用した真の残業削減・生産性向上・人材育成実践の手法」（日本法令）、「CSR企業必携！交通事故を減らすISO39001のキモがわかる本」（セルバ出版）、「運輸安全マネジメント構築・運営マニュアル」（日本法令）。

主な保有資格：
品質マネジメントシステム主任審査員（JRCA）、
環境マネジメントシステム主任審査員（CEAR）、
食品安全マネジメントシステム主任審査員（審査登録機関）、
道路交通安全マネジメントシステム主任審査員（審査登録機関）
特定社会保険労務士

連絡先：あおいコンサルタント株式会社
　　　　名古屋市中区栄3－28－21建設業会館7階　☎052-269-3755
　　　　メールアドレス：nakagawa@bk.iij4u.or.jp
　　　　ロードージカンドットコム（労働時間.com）：
　　　　　　　　　　　　http://rodojikan.com
　　　　あおいコンサルタント株式会社メインサイト
　　　　　　　　　　　　http://aoi-tokai.com

人手不足脱却のための組織改革

2016年12月17日　第1版第1刷発行

著　者　　山　本　昌　幸
発行者　　平　　　盛　之

㈱産労総合研究所
発行所　出版部　経営書院

〒101-0051　東京都文京区千石4-17-10
産労文京ビル
電話　03-5319-3620
振替　00180-0-11361

無断転載はご遠慮ください。　　印刷・製本　藤原印刷株式会社
乱丁・落丁本はお取り替えします。　ISBN 987-4-86326-231-7　C2034